Kochbuch für ganze Kerle

Der Naturwissenschaftler Dipl.-Math. Klaus-Dieter Sedlacek, Jahrgang 1948, studierte in Stuttgart neben Mathematik und Informatik auch Physik. Nach fünfundzwanzig Jahren Berufspraxis in der eigenen Firma widmet er sich nun seinen privaten Forschungsvorhaben und veröffentlicht die Ergebnisse in allgemein verständlicher Form. Darüber hinaus ist er der Herausgeber mehrerer Buchreihen unter anderem der Reihen 'Wissenschaftliche Bibliothek' und 'Wissen gemeinverständlich'.

Klaus-Dieter Sedlacek (Hrsg.)

Kochbuch für ganze Kerle

Kräftige und Feinschmecker-Gerichte für
Freizeit und Camping

Mit zahlreichen Abbildungen

Ratgeber Freizeit und Reisen Bd. 1

Bibliografische Information Der Deutschen Bibliothek:
Die Deutsche Bibliothek verzeichnet diese Publikation
in der Deutschen Nationalbibliografie; detaillierte
bibliografische Daten sind im Internet über
http://dnb.ddb.de
abrufbar.

Neubearbeitung

Cover, Buchblock und Inhalt: Klaus-Dieter Sedlacek
Internet: http://klaus-sedlacek.de
© 2017
Herstellung und Verlag: BoD – Books on Demand, Norderstedt.
ISBN: 9783746060972

Inhaltsverzeichnis

I. Die Einrichtung..12

II. Frühstück..15

    1.Mokka klassisch.. 15
    2.Tee.. 16
    3.Echte Schokoladenmilch...................................... 17
    4.Kakao.. 18

III. Suppen...19

    1.Sekundenbouillon... 20
    2.Einfache Weiß- oder Schwarzbrotsuppe................. 20
    3.Einlaufsuppe... 20
    4.Brennsuppe.. 21
    5.Suppenpräparate... 21
    6.Suppen von ganzen Hülsenfrüchten...................... 21
    7.Suppengerichte.. 22
    8.Klare Brühen.. 23
    9.Weitere Suppenarten.. 23
    10.Krebssuppe... 24
    11.Froschschenkelsuppe.. 25
    12.Geflügelsuppen.. 25
    13.Klare Geflügelbouillon....................................... 26
    14.Wildsuppen... 27
    15.Kartoffelsuppe.. 27
    16.Selleriesuppe... 28
    17.Kerbelsuppe.. 28
    18.Sauerampfersuppe.. 28
    19.Fleischbrühe.. 29
    20.Haushaltungs—Fleischbrühe............................... 29
    21.Obst- und süße Suppen...................................... 29

IV. Fleischspeisen...31

    1.Rindergulasch... 34
    2.Lendenschnitten.. 35
    3.Beefsteaks... 35
    4.Miniatur-Beefsteaks... 36
    5.Elektrische-Pfannen-Beefsteaks........................... 37
    6.Deutsches Beefsteak.. 38
    7.Rohe Beefsteaks (á la tartare)............................. 38
    8.Wiener Rostbraten... 38

9.Rostbraten — echt ungarisch.................................39
10.Rumsteak — Entrecote.................................39
11.Büchelsteinerfleisch.................................40
12.konservierten Gemüsen. 42
13.Grüne Bohnen. — Haricots verts 42
14.Kernbohnen — Flageolets.................................42
15.Getrocknete Gemüse. 43
16.Erbsen — Petits Pois. 43
17.Petits Pois à l'anglaise. 44
18.Stangen-Spargel. 44
19.Brechspargel. 45
20.Artischocken-Böden — Fonds d'artichauts. 45
21.Artischocken mit Käse. 45
22.Champignons. 45
23.Büchsenzungen. 46
24.Geräuchertes Ochsenfleisch.................................47
25.Kalbsgulasch. 47
26.Kalbs-Koteletts und Schnitzel 48
27.Panierte Koteletts und Schnitzel. 48
28.Schweine- und Hammel-Koteletts. 48
29.Wurzelfleisch. 49
30.Saures Kalbshirn — Blaumontagsgericht. 50
31.Schweinsnieren 50
32.Kalbsnieren.................................50
33.Hammelnieren.................................51
34.Kalbsleber.................................51
35.Gebackene Kalbsleber. 51
36.Schweine-Herz, Ohr und Rüssel 51
37.Schweineherz 51
38.Schweins— und Kalbszunge 52
39.Kalbskopf nach Münchener Art. 52
40.Lammleber. 52
41.Papriziertes Lammfleisch. 52
42.Irish Stew oder irisches Hammelfleisch 54
43.Geräuchertes oder rohes Schweinefleisch.................................54
44.Würstchen. 55

V. Wildbret 57

1.Der Hase 58
2.Hasenpfeffer. 58
3.Rebhuhn 59
4.Haselhühner, Birkhühner, Schneehühner, auch junge Fasanen 60
5.Schnepfe 60

6.Krammetsvögel.. 61

VI. Zahmes Geflügel..62

1.Brathühnchen.. 62

VII. Fische...63

1.Seezungen.. 64
2.Forellen.. 64
3.Stockfisch (durch Trocknung haltbar gemachter Fisch)..............65
4.Lachs... 65
5.Aal.. 65

VIII. Meeresfrüchte...66

1.Krebse... 66
2.Frische Hummer... 66
3.Seemuscheln... 66
4.Schnecken.. 67
5.Austern.. 67
6.Kaviar.. 68

IX. Heringe und Butter..69

1.Salzheringe... 69
2.Bratheringe (frisch gebraten)... 70
3.Heringe mariniert.. 70
4.Heringsbutter... 71
5.Sardellenbutter.. 71
6.Käsebutter.. 71
7.Senfbutter... 71

X. Leicht herzustellende Soßen..72

1.Mayonnaise auf einfachste Art... 72
2.Hummermayonnaise.. 72
3.Kaviarsoße.. 73
4.Soße Remoulade — tartare.. 73
5.Specksauce... 73
6.Warme Saucen... 74

XI. Pikante Schnittchen...75

1.Feine Leberwurstschnittchen... 76
2.Bratenschnittchen... 76
3.Domherrenschnittchen... 76
4.Königsbrötchen... 77

5.Käseschnitten (Krusten)..77
6.Lordbrötchen...77
7.Kalte Appetithäppchen..77
8.Pasteten...78

XII. Salatvariationen...79

1.Frischer grüner Salat...79
2.Kartoffelsalat..80
3.Heringssalat...80
4.Spargelsalat...81
5.Hopfensalat..81
6.Bohnensalat...81
7.Salat von Kernbohnen..82
8.Frischer Gurkensalat..82
9.Salat von Salzgurken..82
10.Kürbissalat...82
11.Radieschensalat..82
12.Geriebener Rettichsalat...83
13.Tomatensalat..83
14.Meerrettichsalat..83
15.Sellerie und rote Rüben...83
16.Rindfleischsalat...83
17.Fischsalat..84
18.Hummersalat..84
19.Muschelsalat..84
20.Schneckensalat...84
21.Italienischer Salat..84
22.Mikado-Salat..85

XIII. Katersalate...86

1.Heringspfeffer..87
2.Knackwurstsalat...87
3.Zwiebeleier...87
4.Ochsenmaulsalat..87
5.Geflügelsalat pikant..88
6.Kalbshummer..88

XIV. Eierspeisen..89

1.Weiche Eier...89
2.Halbweiche Eier..89
3.Hartgekochte Eier...89
4.Russische Eier...89

5. Sooleier.. 90
6. Setz- oder Spiegeleier.......................... 90
7. künstlichem Schnittlauch...................... 91
8. Eier in schwarzer Butter....................... 91
9. Saure Eier.. 91
10. Rühreier.. 91
11. Omelette... 92
12. Omelette mit Kräutern — aux fines herbes.................92
13. Pfannkuchen.. 93
14. „Schmarren".. 95

XV. Einige Spezialitäten...............................97

1. Italienische Makkaroni.......................... 97
2. Schwammerln (Steinpilze) mit Knödel 98
3. Die ursprünglichen Militär-Leberknödel..........101
4. Schwäbische Spätzle geschmälzt oder geröstet...........102
5. Gutes Kartoffelpüree............................ 103

XVI. Warme Partygetränke.........................104

1. Grog.. 105
2. Glühwein.. 105
3. Bischof... 106
4. Weißer Weinpunsch............................. 106
5. Englischer Punsch............................... 106
6. Ratisbonen—Punsch............................ 107
7. Burgunder-Punsch............................... 107
8. Eierpunsch... 108
9. Warmbier.. 108

XVII. Kalte Partygetränke..........................109

1. Römischer Eis-Punsch......................... 109
2. Sorbet von Champagner und Erdbeeren.........109
3. Sorbet von Würzburger Stein-Wein, Liebfrauenmilch, Mosel Riesling Spätlese
.... 109
4. Newa-Punsch...................................... 110
5. Olympische Tropfen oder Göttertrank.........110
6. Maiwein.. 111
7. Maibowle.. 112
8. Erdbeer-Bowle.................................... 112
9. Pfirsich-Bowle..................................... 113
10. Ananas-Bowle.................................... 113
11. Orangen-Bowle................................... 114

12.Champagner-Bowle...114
13.Alanenbowle...114
14.Feine Punschessenz..115
15.Nusslikör..115
16.Heidelbeer-, Weichsel- und Johannisbeer-Liköre...............................115
17.Götterdämmerung...116

XVIII. Senf...117

1.Deutscher Senf..117
2.Englischer Senf..117

XIX. Menü-Vorschläge...118

1.Das perfekte Diner...118
2.Vegetarier-Diner...119
3.Souper (Abendessen) — kalt...120
4.Souper..120

XX. Schlusswort..121

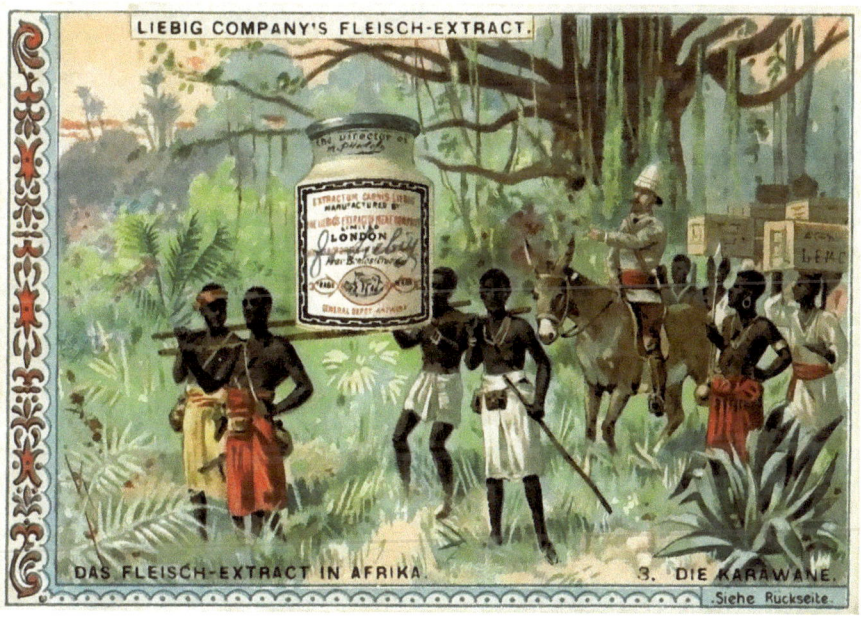

Produkte mit Fleischextrakt sind aus der heutigen Küche nicht mehr wegzudenken.

I. Die Einrichtung

„Das sind Männerschwüre!", sagte die reizende Nelly etwas pikiert zu ihrer Mama, als sie an dem großen Haushalt-Einrichtungs-Basar vorübergingen und den jungen Assessor Müller hoch bepackt heraustreten sahen. „Hundertmal hat er beteuert, er werde niemals heiraten — nun ist er offenbar doch heimlich verlobt und schleppt sogar schon Küchensachen nach Hause!"

„Nicht doch", rief der Assessor, der einen Teil dieser Worte aufgefangen, lächelnd mit höflichem Gruß, „ich richte mir vielmehr selber die Küche eines ganzen Kerls ein!"

Es bedarf dazu nicht viel.

In der Natur, wo kein Anschluss an eine Elektrizitäts- oder Gasleitung ist, sodass man die hierfür geschaffenen neuesten Miniaturkochherde verwenden kann, genügt ein Campingkocher mit Gaskartuschen vollkommen. Zuhause wäre für das eine oder andere Rezept ein Backofen eine sinnvolle Ergänzung.

Dann einen verschließbaren, etwa drei Finger hohen Schnellkochtopf, der sich mit Deckel für Dunstkocherei, ohne denselben für schnell zu bereitende Eier- und Fleischspeisen eignet, und ein Emailtöpfchen, welches nur zum Kochen von Kaffee-, Tee- oder Grog-Wasser benützt wird. Im letztgenannten Gefäß dürfen aber Suppen oder Soßen niemals gekocht oder erwärmt werden, wenn es nachher auch noch so sorgfältig gereinigt werden sollte. Denn — das beachte wohl, sehr zu verehrender ganzer Kerl! — Kaffee, Tee und Punschessenzen (siehe S. 115) sind diffizil zu behandeln und behalten nur dann ihr ureigenes, feines Aroma, wenn sie mit keinerlei Fettstoffen oder anderen Substanzen in Verbindung kommen.

An Vorräten halte Dir nur das Allernötigste: Einige gewandte Finger, denen es schlimmsten Falls mal auf ein Brandbläschen nicht ankommt, eine Dosis Humor, um zu lächeln, wenn wirklich hin und wieder das Eine oder Andere etwas schief gelingt, dann einige Gemüsekonserven für schnell zu bereitende Beilagen zu Fleisch- und Eierspeisen, wie Spargel, Erbsen,

Bohnen, Pilze, Mixed Pickles, die in allen Supermärkten oder Delikatessengeschäften zu haben und lange aufbewahrbar sind.

Das Erwärmen von Konserven in der Büchse ist nur dann anzuraten, wenn der ganze Inhalt derselben auf einmal verbraucht wird. Andernfalls entnehme man nur das nötige Quantum und bereite es im Pfännchen zu. In eine geöffnete Büchse gieße man ein paar Tropfen aufgelöste Sorbinsäure[1], um den Inhalt vor dem Verderben zu schützen, das ihn sonst bald ereilt.

Wo frisches Fleisch nicht immer zu haben — für sanfte Vegetarierherzen ist ja mein Büchlein zunächst nicht gedacht — da rate ich auch zu Konserven von Fleisch und Fisch, ferner zu geräuchertem Fleisch — und Fischwaren wie Hamburger Rauchfleisch, haltbaren Thüringer Wurstwaren, geräucherter Gänsebrust — na, da lacht Ihr, was? — Gänseleberpastete, geräuchertem Lachs, Aal, und was dergleichen mundwässernde Bröcklein mehr sind.

Zur Zubereitung der Speisen dürfen nicht fehlen: Lust und Liebe, Salz und Pfeffer — wo Letzterer wächst, gehören nach ganze Kerle-Aberglauben die Schwiegermütter hin! — Zucker, Senf, ein paar Gewürze, Mehl und frische Butter.

Gutes Salatöl und Liebig **Fleischextrakt** nicht zu vergessen, wobei ich Maggi-**Würze** oder **Sojasoße** allen anderen vorziehe. Wenn frisches Brot, Kaffee- und Teegebäck nicht zur Hand sind, empfehle ich Zwieback, englische Biskuits und Pumpernickel.

Frische Eier schmecken gut und nähren vorzüglich, eignen sich besonders auch in mannigfacher Verwendung zur Schnellkocherei.

* * *

---

1 **Sorbinsäure** (Kaliumsorbat) ist ein lebensmittelrechtlich zugelassenes Konservierungsmittel zur Haltbarmachung von Fruchtsäften, Essiggemüse und Sauerkonserven.
Es verhindert bei Marmeladen und Konfitüren die Bildung von Schimmel.
Kaliumsorbat ist das Salz der Sorbinsäure, die sehr gut in Wasser löslich ist.
Kaliumsorbat ist geruchs- und geschmacksfrei und findet wegen seiner sehr guten Wirksamkeit gegen Hefen und Schimmelpilze in vielen Lebensmitteln Verwendung.
Dosierung:
Der gesetzlich zulässige Grenzwert beträgt:
Obstsäfte: 2,00 - max. 2,7 gr /l,
Essiggemüse: 1,5 - 2,25 gr /l

*Denn wenn du gut gelaunt bist,
taugen Dir ohne Zweifel „Ochsenaugen",
Und bist du trüben Sinnes, tut
Dir sicherlich ein „Rührei" gut!*

II.   Frühstück

Die Sonne geht pünktlich nach dem Kalender auf; der Hahn kräht, wann's ihm in der Naturgeschichte vorgeschrieben ist, und die Laternen löschen morgens ebenso tarifmäßig aus, wie die Nachtschnellzüge pünktlich oder mit fahrplanmäßiger Verspätung eintreffen. Nur des ganzen Kerls wie des Löwen Erwachen ist etwas Unsicheres und hängt von tausenderlei Nebenumständen ab. Ob's im Klub abends fidel war oder langweilig, ob man mit Glück oder Misserfolg Skat gedroschen, ob die Bowle gut ausfiel oder verdarb, ob man vom großen Los geträumt oder der unbezahlten Rechnung kurzum, das Mannigfaltigste wirkt auf Zeit und Stimmung, in der man erwacht.

Da ist's für die sorgsamste Hausfrau äußerst schwierig, was für ein Frühstück und wann sie es bereitstellen solle, und der zu bewundernde ganze Kerl fertigt es sich am Besten selbst.

1.   Mokka klassisch

Nur vor allem gute Sorte nehmen — das ist Hauptbedingung. Möglichst frisch gebrannt — sehr empfehlenswert ist insbesondere eine Mischung von Java- und Ceylonbohnen.

Die Bohnen müssen fein gemahlen und mit kochendem Wasser dann angegossen werden — auf zwei kleinere Tassen von je etwa ein Achtel-Liter-Inhalt rechne man etwa 40 Gramm Kaffeepulver! So lasse man dann den Kaffee — gut zugedeckt, dass das Aroma nicht entweiche! — sich ruhig setzen, was eventuell durch Zugabe einiger Tropfen kalten Wassers beschleunigt werden kann.

Surrogate — wie Feigenkaffee und dergleichen Zeug sind von allen echten Kaffeekennern verpönt und dienen nur dazu, das Image eines starken Kerls zu verderben — und das wegen dreizehn Stück für sechs Tassen!!

Will man indessen gleichwohl den Kaffee nicht so stark trinken, so kann man seine erhitzende Wirkung mildern und eine schöne Farbe erzielen, indem man in dem Aufgusswasser einige Gramm Kaffeegewürz auflöst, das den ureigenen Geschmack des Kaffees nicht im Geringsten beeinträchtigt.

Wird „**Melange (Milchkaffee)**" — d. h. Kaffee mit Milch gemischt — getrunken, so sollte man hierzu nur guten süßen Rahm (Sahne), gleichviel ob abgekocht oder nicht, nehmen. Von abgerahmter oder etwa gar schon säuerlicher Milch erhält der beste Kaffee eine schlechte, grauliche Farbe — ebenso verliert der Geschmack, der durch Aufwärmen des Kaffees noch schlechter wird, weshalb man davon nie mehr als das für den momentanen Gebrauch Nötige anbrühen sollte.

Dem ganzen Kerl empfehlenswert ist kondensierte Milch und statt Zucker Saccharin — man vergreife sich aber nicht und erwische Zacherlin (Mottenpulver) dafür!

Wer eine Kaffeemaschine hat, erhält gewöhnlich Gebrauchsanweisung und System dazu. Will man in einer an sich für größere Quantitäten bestimmten Maschine eine kleinere Menge Kaffee bereiten, so messe man das Wasser in Tassen ab, dementsprechend auch nach oben erwähnter Angabe das Kaffeepulver und gebe fürs Verdampfen eine halbe Tasse Wasser drauf. Wasser gibt ja der ganze Kerl gerne her!

2. Tee.

Unter den diversen grünen und schwarzen chinesischen Tees verdient der Souchong, der den feinsten Geschmack befriedigt, entschieden den Vorzug; am gefährlichsten für ganze Kerle ist der Tee dansant, weil er leicht Verlobungen nach sich zieht.

Minderwertige Teesorten verteuern sich von selbst, da man von ihnen größere Quantitäten nehmen muss, und trotzdem findet der Kenner die geringere Qualität sofort heraus.

Schlimme Unterlassungssünden bei der Teebereitung sind das „laue Angießen", das „lange Ziehenlassen", wodurch man die herrlichste Teesorte verpfuscht.

In eine kleine Kanne — für zwei gewöhnliche Tassen berechnet — gebe man soviel Tee, als man mit drei Fingerspitzen leicht erfasst — wer seinen Fingerspitzen nicht traut, nehme ein kleines Likörgläschen oder einen Teelöffel voll. Dann übergieße man den Tee mit kochendem Wasser, lasse ihn ja nicht länger als vier Minuten ziehen und nehme als Zusatz — nach Belieben — außer Zucker kalten Rahm, feinen Jamaikarum oder Zitronensaft.

3.   Echte Schokoladenmilch.

Auf eine mittelgroße Tasse rechne man eine abgepasste Tafel Vanille-, Vollmilch- oder sonstiger guter Schokolade, die man mit dem Messer in kleine Stückchen zerteilt, in Milch — auch kondensierter — löst und auf dem Feuer unter beständigem Rühren zum Kochen bringt. Mit dem Siedepunkt — d. h. beim Beginn des Kochens, nicht im Sieden oder Kochen — ist die Schokoladenmilch fertig.

Sehr zur Kräftigung dient es, die Schokolade mit einem Eigelb zu verbinden, das aber erst — wenn die Schokolade vom Feuer gezogen ist — vor dem Eingießen in Kanne oder Tasse damit verquirlt werden soll, damit es nicht gerinnt.

4. Kakao.

Von den vielen angepriesenen Sorten ziehe ich van Houten's Cacao vor. Zu einer mittelgroßen Tasse nehme man zwei Kaffeelöffel voll Kakaopulver, verquirle es mit kochender Milch oder siedendem Wasser und bringe diese Flüssigkeit unter beständigem Rühren bis zum Siedepunkt. Zucker nach Belieben.

Kanoniere des 78ten Feld Regiments, Royal Artillery, nutzen "befreite" Sonnenschirme, um den Regen abzuhalten, während sie sich zum Frühstück ein warmes Getränk kochen. Anzio, Italien, 27. Februar 1944.

III. Suppen

Auf einen „Löffel Suppe" waren beim Präsidenten drei junge Herren eingeladen — grimmige Konkurrenten um den frei gewordenen Ratsposten. Aber die Suppe wollte nicht kommen. Die Frau des Präsidenten war in Verzweiflung, während ihr Mann ein ums andere Mal erstaunt und unwillig nach der Türe sah, in welcher die Terrine mit dem erwarteten Labsal noch immer nicht erscheinen wollte.

Werner, einer der Geladenen, sprang, von einer dunklen Ahnung erfasst, auf und stand plötzlich neben der Herrin des Hauses in der Küche.

„Die Köchin hat sicher die Krebssuppe verdorben?!", frug er.

„Aber, Herr Werner!", rief die Präsidentenfrau verlegen. „Ich weiß nicht — in der Tat —".

„Oh!", sagte er und griff kühn nach einem Topf. „Ich hab mir schon mehr als eine Brühe selbst gekocht — wenn Sie gestatten, versuch' ichs auch einmal mit einer Familiensuppe!"

Und zehn Minuten später dampfte vor der entzückten Frau vom Hause eine delikate Suppe in der Schüssel und vierzehn Tage später war Werner — Rat. „Was die Anderen nicht erstrebt und erschmeichelt," schmunzelte er, „hab' ich mir erkocht — man kann heutzutage das Glück nicht bloß beim Schopf, sondern auch beim Löffel nehmen!"

Also recipe! Denn die Suppe ist und bleibt Grundlage — auch für den Magen eines ganzen Kerls! Von der Meinung, dass sie auf die Dauer entbehrlich sei, ist man längst wieder abgekommen — eine gute Suppe ist geradezu Bedingung für die Gesundheit, und wer es richtig anfängt, kann auch bei bescheidenen Vorräten jeden Tag rasch seine vorzügliche Suppe auf dem Tisch haben.

1. Sekundenbouillon.

Zwei knappe Teelöffel voll sofort lösliche Klare Rinds-Boullion übergieße man mit einer Bouillontasse voll kochenden Wassers, in dem man allenfalls ein Stückchen frischer Butter in der Größe einer Erbse oder doppelt soviel Rindermark (aus Markknochen entnommen) schmelzen ließ, um — wie es Viele lieben! — der Bouillon einen angenehmen Fettgehalt zu verleihen und ein „paar Augen" oben schwimmen zu sehen — beim ganzen Kerl müssen es ja nicht immer ein paar Veilchen-, Glut- oder Taubenaugen sein!

Sonst ist nur das nötige Salz erforderlich — nach Belieben etwas Muskatnuss, frischer Schnittlauch, eventuell auch ein Eigelb.

2. Einfache Weiß- oder Schwarzbrotsuppe.

Fein aufgeschnittenes — womöglich nicht zu frisches — Weiß- oder Schwarzbrot wird mit kochendem Wasser übergossen, leicht gesalzen und je ein Teller Suppe mit zwei Teelöffeln sofort lösliche Klare Rinds-Bouillon gemischt. Sehr kräftigend wirkt ein frisches Ei, das man in die eben siedend angegossene Suppe schlägt und, während sie zugedeckt bleibt, darin erstarren lässt. Muskatnuss und Schnittlauch, wie bei allen anderen Suppen nach Belieben.

3. Einlaufsuppe.

Man rührt zwei Eier mit einem halben Kochlöffel Mehl ab, gibt eine Prise Salz daran und lässt's so in kochende Bouillon einlaufen, dass sich darin kleine Flöckchen bilden.

4. Brennsuppe.

Nach unverbürgten Nachrichten so genannt, weil sie sehr gut ist, wenn man sich den Magen verbrannt, d. h. verdorben hat. Ein eigroßes Stück Butter wird erhitzt; darin röstet man sodann zwei Kochlöffel Mehl kastanienbraun, gießt zwei Tassen kochenden Wassers auf und rührt es glatt. Eine Zwiebel und ein Bouquetchen Petersilie mit einem Lorbeerblatt werden zehn Minuten darin aufgekocht Salz, weißen Pfeffer, Muskatnuss und etwas Weinessig gibt man nach Geschmack dazu.

5. Suppenpräparate.

Reis-, Gersten-, Hafer-, Grünkern-, Bohnen-, Erbsen-, Linsen-Mehl-Präparate für Suppen sind in jedem besseren Supermarkt und Naturkostladen zu haben. Man rechne davon je einen Esslöffel voll auf einen Teller Suppe, verrühre das Präparat zuvor mit zwei Löffeln kalten Wassers und gieße dann erst so viel kochendes Wasser auf, als zu dem Teller Suppe nötig ist. Dann lässt man das Ganze leicht einmal aufkochen, setzt etwas Salz und zwei Teelöffel sofort lösliche Klare Rinds-Bouillon zu und kräftigt außerdem die Suppe mit einem Eigelb.

6. Suppen von ganzen Hülsenfrüchten.

Erbsen — grüne, wie getrocknete -— Linsen, Bohnen und dergleichen werden, wenn rein ausgelesen und gewaschen, weich gekocht, was unter Zusatz von ein paar Tropfen Essigessenz nicht mehr als drei Tropfen auf zwei Teller Suppe, bald geschehen ist.

Das Ganze wird dann durch ein Sieb oder einen durchlöcherten Schöpflöffel getrieben, mit Salz und etwas Pfeffer schmackhaft, mit zwei Teelöffeln sofort lösliche Klare Rinds-Bouillon pro Teller oder Tasse kräftig gemacht, mit kochendem Wasser gehörig verdünnt, dass es nicht breiartig, sondern eine leicht gebundene Suppe wird, und über Brotschnittchen angerichtet.

Zu allen diesen Suppen schmecken mit aufgekochte Scheibchen von Wiener oder Frankfurter Würstchen oder würfelig geschnittenes Rauchfleisch ausgezeichnet.

7. Suppengerichte

… aller Art (Knorrsche Suppeneinlagen) werden ebenfalls in entsprechend viel Wasser aufgelöst und aufgekocht und dann mit Suppenwürze, Salz, etwas weißem Pfeffer und mit Muskatnuss schmackhaft gemacht.

Gewöhnlich liegt diesen Präparaten das Rezept ihrer Zubereitung bei.

Präparaten (Fertigsuppen) für imitierte Ochsenschweif- und Hummer-Suppe füge man nach deren Auflösung zur Brühe pro Teller eine Messerspitze Cayennepfeffer, zwei Esslöffel Madeira und sofern nötig zwei Teelöffel sofort lösliche Klare Rinds-Bouillon bei.

Jede dieser Suppen muss gehörig aufgekocht sein, damit auch alle ihre Bestandteile zur Geltung kommen. Das erfordert indessen nicht lange Zeit — es genügt ein- oder zweimaliges, minutenlanges leichtes Aufwallen vollständig.

Extra-Zugaben, wie Wein und Eier, füge man erst unmittelbar vor dem Eingießen in die Schüssel oder den Teller bei und lasse sie niemals mit aufkochen.

Leichter noch als vorstehend beschriebene gebundene Suppen sind …

8. Klare Brühen

… mit einer Einlage von Nudeln, Makkaroni und anderen italienischen Teigwaren herzustellen — ebenso mit Tapioca, Gries, Reis und getrockneter Julienne.

Man bereite sich da nur die oben beschriebene Sekundenbouillon und koche darin eine der genannten Einlagen sechs bis acht Minuten auf. Hiervon macht nur der Reis eine Ausnahme, der mindestens 15 Minuten aufquellen muss und wohl ganzkörnig bleiben, aber doch weich werden soll. Reissuppe schmeckt gut in Verbindung mit einem Eigelb und pro Teller — einem Kaffeelöffel voll Parmesan oder geriebenem Schweizerkäse.

Beim Einkochen der übrigen Einlagen sehe man genau darauf, dass die Bouillon erst koche. Nudeln werden locker eingestreut — nicht zu viel, da sie aufquellen — auf einen Teller Suppe etwa zwei gehäufte Esslöffel voll. Ebenso viel von getrockneter Julienne. Von Gries und Tapioca ein Esslöffel voll pro Teller.

Wenn eine derartige Suppe aufgekocht hat, überzeuge man sich vor dem Anrichten, ob man ihr nicht durch etwas Suppenwürze noch mehr Kraft verleihen solle, da der erste Zusatz durch — wenn auch nur minutenlanges Kochen nicht mehr sehr vorherrschend sein dürfte, es aber doch besser ist, ihn anfangs nicht wegzulassen, da sein Geschmack und seine Kraft sich den Einlagen liebevoll mitteilen und diese somit weit besser als nur in Wasser gekocht schmecken.

9. Weitere Suppenarten

… werden sehr einfach hergestellt, indem man sauber geputzte und gut gewaschene Blumenkohlröschen, frische grüne ausgelöste Erbsen oder ganz junge Bohnen, Spargelköpfchen und deren zarte Stängelteile, Letztere in kleine Stückchen zerschnitten, in Sekundenbouillon zusammen oder jede Art einzeln fünf bis acht Minuten aufkocht und über kleine, feine, etwas geröstete Weißbrotschnitten gießt.

Alle diese Suppenarten sind ungemein leicht herzustellen und können nicht wohl misslingen.

Sticht aber einen der zu bewundernden ganzen Kerle der Haber, und er hat Zeit und Lust, sich an eine etwas schwierigere Zubereitungsart — vielleicht gelegentlich einer kleinen Einladung in den eigenen vier Wänden — zu wagen, hier sei auch dafür gesorgt:

10. Krebssuppe.

Man legt zu etwa vier Tellern Krebssuppe 8—10 Suppenkrebse, die man vorher mehrmals gewaschen hat, in siedendes gesalzenes Wasser und kocht sie dort acht Minuten lang. Dann wird das Fleisch aus den Scheren und Schwänzen gelöst, auch aus dem Schwanz der Darm und aus dem Körper alles Unreine entfernt. Schalen und Beine werden nun fein zerstoßen mit gleichviel frischer Butter, etwas Champignons und ein wenig Salz und Pfeffer, zu welchem Zweck der ganzer Kerl einen Mörser zu leihen nimmt. Den Begriff „zu leihen nehmen" oder „pumpen" kennen ja die meisten der Herren.

Nun wird die zermalmte Masse in einem weiteren Stückchen Butter einige Minuten auf dem Feuer geröstet; dann gießt man ein paar Tassen der Krebsbrühe daran. Es sammelt sich hierauf die Krebsbutter auf der Oberfläche und ist erkaltet leicht abzunehmen. Die Hälfte davon röste man mit drei kleinen Löffeln Mehl nur 2—3 Minuten leicht an, gieße dann 4—5 Tassen der Krebsbrühe oder auch Sekundenbouillon dazu, rühre es sehr fein zu leicht gebundener Suppe ab und koche es 10 Minuten.

Hierauf kommt das Fleisch der Scheren und Schwänze — in hübsche Stückchen geschnitten — dazu und obenauf die zerlassene zweite Hälfte der Krebsbutter, die auf der Suppe schwimmen und beim Ausgießen derselben in die Teller, den Inhalt der Letzteren ganz mit ihrem schönen Rot bedecken soll.

Findet man bei einem Krebs besonders gut entwickelte Couponscheren, so hebe man dieselben sorgfältig auf, bis man die entsprechenden Couponbögen dazu erhält!

11. Froschschenkelsuppe.

Ein bis zwei Dutzend Froschschenkel werden nebst einem Stückchen vorher gehackten Kalbfleisches, einer Zwiebel und etwas frischer Petersilie in einem Stück Butter angeröstet, nach fünf Minuten mit zwei bis drei Tassen Sekundenbouillon begossen und darin eine Viertelstunde weich gedünstet.

Nunmehr wird das Ganze durch einen großen Seiher getrieben, mit noch etwas Bouillon aufgefüllt und aufgekocht, mit Salz, etwas Pfeffer und — pro Teller einem Esslöffel — sofort lösliche Klare Rinds-Bouillon schmackhaft gemacht und mit so viel Eidottern abgerührt, als man Teller Suppe nötig hat. Dann richtet man die Suppe über Weißbrotwürfeln an.

Es empfiehlt sich anfangs, etwas mehr Froschschenkel mitzudämpfen und dieselben auszulegen, ehe sie zu weich geworden, um sie später als Einlage in die Suppe verwenden zu können.

12. Geflügelsuppen

… von Hühnern, Tauben, Enten- und Gänseklein (Entenjung, Gansjung) werden schnell und kräftig dadurch bereitet, dass man das betreffende Material — womög-

lich mit einem Stückchen rohen Ochsen- oder Kalbfleisches, einer Zwiebel und etwas Suppengrün und Wurzelwerk (Gelbe Rüben, frischer Petersilie, Lauch etc.) klein
zerhackt und dies dann mit einem Stück frischer Butter
und einer Tasse Wasser eine gute Viertelstunde durch-
dünstet. Dazu gebe man etwas Salz und weißen Pfeffer
und achte wohl, dass; es sich nicht anlege, was durch
öfteres Umrühren, Zugießen von Wasser und stetes Be-
decktsein lassen, vermieden wird.

Ist die Masse nun breiartig geworden, so fülle man
sie mit so viel Wasser auf, als man Suppe nötig hat, lasse sie noch eine Viertelstunde langsam kochen, seihe
sie dann durch ein Sieb, würze sie angenehm mit dem
noch nötigen Salz und etwas Muskatnuss und verbinde
sie dann mit so viel Eidottern und Teelöffeln sofort lösliche Klare Rinds-Bouillon, als Teller Suppe gebraucht werden.

Die Hahnenkämme, Lebern und Mägen, die man
nicht mitverhackt, sondern ganz mitgedünstet und —
nachdem sie weich geworden — ausgelegt hat, dienen,
hübsch zerschnitten, als Einlage.

13. Klare Geflügelbouillon.

Dieselbe ist weniger umständlich zu bereiten. Man
setzt eine Henne, die gerupft, ausgenommen und ausgewaschen ist, ein Enten- oder Gänsejung mit kaltem
Wasser, etwas Salz und Suppengrün zum Feuer und
kocht dies so lange, bis das Fleisch weich geworden ist.
Die hierzu nötige Zeitdauer lässt sich nicht vorausbe-
stimmen. Eine alte Henne muss mit Rücksicht auf die
bei älteren Damen hin und wieder vorkommende Zähig-
keit mindestens 2—3 Stunden kochen, damit man das
Fleisch genießen kann.

Es empfiehlt sich, zerkleinerte Rinderknochen, ein Stückchen Leber oder Milz mitzukochen, weil dadurch die Suppe viel schmackhafter wird.

In Altbayern werden auf dem Lande von Martini ab die Gänse meist nicht mehr gebraten, sondern gesotten, wodurch man eine vorzügliche Bouillon und sehr gutes Fleisch gewinnt.

Eine Einlage von Suppennudeln ist beliebt.

14. Wildsuppen

... aller Arten aus Wildgeflügel und Bratenresten werden ganz nach der bei den Geflügelsuppen gegebenen Anweisung hergestellt. Man zerkleinert Fleisch und Knochen — roh oder gekocht — im Mörser, dämpft es, wie oben geschildert, mit etwas Wurzelwerk (Zwiebel, Gelbe Rüben, frischer Petersilie, Lauch etc.) in einem angemessenen Quantum Butter-, gießt Sekundenbouillon auf und kocht es gut durch, seiht die fertige Suppe dann und würzt sie schmackhaft mit Salz, Paprika, Weißwein oder Madeira und Liebig Fleischextrakt.

Kleine Fleischstückchen von den betreffenden Wildsorten oder Weißbrotwürfel können als Einlage dienen.

Bei dieser Wildsuppe wird der wildeste ganze Kerl zahm.

15. Kartoffelsuppe.

Für drei bis fünf Teller Suppe schält man sechs bis acht rohe Kartoffel, die dann in dünne Scheiben geschnitten, in Butter mit gehackten Zwiebeln, Porree (Lauch) und Petersilie — gut bedeckt — gedünstet, mit etwas allmählich zugegossener Bouillon ganz weich gedämpft und hierauf mit einem Kochlöffel voll Mehl bestäubt werden. Man rühre dabei, um das Anlegen zu verhüten, öfter um, fülle dann das entsprechende Quantum Sekundenbouillon nach und rühre die Suppe während des Aufkochens fein ab, seihe sie durch ein Siebchen, gebe ihr mit Salz, Pfeffer und Muskatnuss Geschmack und kräftige sie mit sofort löslicher Klare Rinds-Bouillon oder Worcester-Shire-Soße. Als Einlage sind Weißbrotwürfelchen — in Butter geröstet — zu verwenden.

16. Selleriesuppe.

Dieselbe wird nur mit dem Unterschied des Materials wie vorstehende Kartoffelsuppe bereitet und vollendet.

17. Kerbelsuppe.

Eine Handvoll der ersten Frühlingskräuter rein gewaschener Kerbel mit einer Zwiebel fein gewiegt (fein zerkleinert) wird 5 Minuten in Butter geschmort, mit einem Löffel voll Mehl weitere drei Minuten geröstet, dann mit drei Tassen Sekundenbouillon aufgegossen und aufgekocht, mit Salz, Pfeffer, Muskatnuss und sofort lösliche Klare Rinds-Bouillon schmackhaft gemacht und nach Belieben noch mit ein paar Eidottern gemengt.

18. Sauerampfersuppe.

Pflück' ihn, lieber ganzer Kerl, womöglich selber, wasch ihn rein, hack' ihn und verfahre im Übrigen nach vorstehendem Rezept!

Alle diese Suppen eignen sich brillant zur Einleitung eines ganzen Kerle-Diners, ohne dass man auch nur frische Fleischbrühe nötig hat. Letztere gewinnt man übrigens ohne größeres Quantum Fleisch in 50 Minuten nach folgendem Rezept.

19. Fleischbrühe

Man übergießt ein halbes Pfund gehacktes Rindfleisch gemengt mit zerkleinerten Knochen und womöglich auch Geflügelabfällen, außerdem mit einem kleinen Stückchen Leber oder Milz und zerschnittenen Suppenkräutern — in fest verschließbarem Topf oder auch in einer weithalsigen Flasche mit drei Viertellitern kalten Wassers und stellt den Topf oder die Flasche in ein Gefäß mit Wasser, welch Letzteres zwei Drittel davon bedeckt. Darin lässt man Topf oder Flasche drei Viertelstunden lang fest umkochen. Das Bad kann sieden und wallen; der Inhalt des anderen Gefäßes aber soll nur ziehen, bis all' seine Kraft sich der Brühe mitgeteilt hat, die dann durchgeseiht, leicht gesalzen und aus Bouillontassen getrunken wird.

20. Haushaltungs—Fleischbrühe.

Siehe das Rezept für Ochsenfleisch im nächsten Kapitel!

21. Obst- und süße Suppen

… sind den Herren der Schöpfung — wenn sie nicht Vegetarier sind, für die ich zunächst nicht koche — unsympathisch; ich lasse sie daher weg. Wer sie dennoch will, soll — heiraten; da hat er immer was Süßes.

Suppensentenzen.

Der ganze Kerl findet kaum
Ein Haar in seiner Suppe Flaum;
Denn meist lacht ihm ja schon darein
Ein majestätischer Vollmondschein.

* * *

Wer nie sein Süpplein selbst gerührt,
zu wenig Salz, zu viel genommen,
Bis er es schließlich recht bekommen,
Hat nie des Kochens Reiz gespürt.

* * *

Brock' nie dir eine Suppe ein,
Sei"s nun im Leben, sei"s am Herd,
Die, selbst vergnüglich auszulöffeln,
Dir später Herz und Sinn verwehrt!

* * *

So ward mit unvorsichtigen Leuten
Auf Erden noch zu allen Zeiten:
Zum Teller Supp' erst eingeladen,
Dann kam der Fisch und dann der Braten
Und schließlich — so ging's immer aus
Ward jäh' ein Schwiegersohn daraus!

* * *

Fettaugen auf der Suppe
Sind Keinem schnuppe.

Haushaltswiegemesser zum feinen Zerkleinern.

IV. Fleischspeisen

Der arme Arthur war, bis er nach Ödhausen versetzt wurde, ein Muttersohn par excellence gewesen. Ein bequemer Herr, anfangs der Dreißiger, der mit der ganzen Verwöhntheit des Hausältesten sich von umsorgenden Mutter- und Schwesterhänden alles so richten ließ, wie es ihm gerade passte — und nun plötzlich hinausgejagt aus diesem unbehaglichen Heim, sich selbst überlassen, auf ein paar Jahre, bis er versprochenermaßen zur Regierung zurückkehren sollte, vollkommen isoliert — es war zum Verzweifeln!

Das Heimweh fiel ihn an, wie ein Rudel hungriger Wölfe, dem er trotz allen Kämpfens nicht Herr wurde. Er mietete sich ein Reitpferd, ließ aber das schnöde Tier, als er unter dessen Leitung die Straßengräben der Stadtumgegend hinreichend kennengelernt hatte, wieder fahren — dann warf er sich auf die Poesie, las Faust und Dante; aber dort, wo's in ihm leer war, drang kein Lichtstrahl ihrer Dichtersonne hin — schließlich kaufte er sich einen Mops, gelobte ihm unverbrüchliche Busenfreundschaft, räumte ihm das halbe Sofa ein und musste bei der ersten Gelegenheit, als sich zwischen ihnen um den Alleinbesitz des Bettes als Nachtlager Differenzen entwickelten, erkennen, dass auch der Mops kein liebendes, selbstloses Herz hatte, denn er sprang ihm keifend und kneipend an die Waden.

Da schrieb er seiner Mutter einen verzweifelten Brief und siehe da — sie schrieb ihm kurz und bündig zurück: „Koch dir selbst — das macht dir Vergnügen, Zerstreuung, Abwechslung — das bringt uns einander wenigstens im Geiste und im Magen näher!"

Er versuchte es, und wahrhaftig, die gute alte Dame hatte recht. Statt mit Blätterrauschen und Waldessäuseln, statt mit Quellengemurmel und Lerchengetriller stillte er sein Weh mit einem saftigen Stück Ochsenfleisch, aus dem man zugleich eine gute Bouillon gewinnen kann.

Beim Einkauf vom Ochsenfleisch ist darauf zu achten, dass das Fleisch eine schöne, glänzend rote Farbe habe, nicht von zähen Sehnen durchzogen sei — so was macht sich in einem Gedicht besser als im Ochsenfleisch — ebenso das; der betreffende Ochse wirklich einer gewesen und schon vor mehreren Tagen geschlachtet worden sei.

Das saftige Zwerchrippenstück - und das mit einem Fettkränzchen versehene Rosenstück eignen sich am Besten zum Sieden.

Auf ein Pfund Ochsenfleisch rechne man 1 1/2 Liter Wasser, wobei das, was eindampfen wird, bereits mitgerechnet ist.

Das Fleisch wird gewaschen — viele Köche gestatten's nicht, aber's ist appetitlicher! — und mit kaltem Wasser vorerst nur ganz leicht gesalzen, zum Feuer gesetzt. Ein Stückchen Rindsleber oder Milz, ebenso zerkleinerte Knochen tragen ungemein zur Kräftigung der Brühe bei. Das Fleisch wird langsam zum Kochen gebracht und der aufquellende Schaum, welcher gerade das Eiweiß und die Kraft enthält, nicht abgenommen; dann wird ein wohlgereinigtes Bouquetchen Petersilie, eine Gelbe Rübe und eine Zwiebel beigegeben. So lässt man es 1 Stunde fortwährend — aber nur leicht, nicht wallend — kochen. Wenn das Fleisch von einem jungen, gut gemästeten Tier ist, wird es nach dieser Zeit gerade recht, in seinem vollen Saft sein.

Wünscht man jedoch das Fleisch sehr weich, so muss man es entsprechend länger kochen lassen — ebenso auch ein schweres, mehrere Pfund wiegendes Stück.

Die gewonnene Bouillon versehe man mit einer beliebigen Einlage.

FLEISCHSPEISEN

Zum Ochsenfleisch passend ist eine Beilage von Essiggürkchen, Mixed Pickles, Rote Rüben, Salz- oder Senfgurken, was alles in kleinen Quantitäten — kühl aufbewahrt — lang vorrätig gehalten werden kann.

Gut schmeckt außerdem dazu frischer Gurken- oder Rettichsalat oder nur Senf oder Worcester-Shire-Soße. Vorzüglich aber mundet warmer Bouillon-Meerrettich. Man röste dazu in einem Stückchen Butter von der Größe eines Taubeneies einen gehäuften Kaffeelöffel Mehl 2 Minuten lang, mische damit zwei Esslöffel voll frisch geriebenen Meerrettich — beim Reiben sei ein Mann und weine nicht! — worauf man eine Tasse Fleischbrühe darüber gießt, das Ganze verrührt und nur einmal auf dem Feuer leicht aufwallen lässt; dabei wird eine Prise Salz und ein halbes Stückchen Würfelzucker dazugegeben.

Wer rasch ein saftiges Stück Ochsenfleisch wünscht, besorge sich solches von der „Krone" — da kriegt er ein Staatsstück. Ein halbes Pfund, in kochendes, leicht gesalzenes Wasser gelegt, ist in 6 bis 8 Minuten fertig und wird in seinem vollen Saft („Halbenglisch") ohne weitere Zugaben nur leicht mit Brühe begossen und übersalzen gespeist. Nach Münchner Art wird die „Krone" — statt auf Samtkissen — auf Holztellern serviert. Beim Zuschneiden soll aus dem Fleisch noch etwas Blut entquellen. Es schmeckt nicht nur vorzüglich, sondern ist auch äußerst nahrhaft und leicht verdaulich.[2]

Für mehrere Personen legt man die ganze „Krone" und damit große Ehre ein; man kocht sie — die Krone nämlich dann etwa eine Viertelstunde lang.

Deutscher Senf (siehe S. 117) schmeckt gut dazu.

---

2   Die Kronfleischküchen in München — besonders jene unter dem alten Rathaus, in der man vorzüglich und billig speist, weshalb sie auch den ganzen Vormittag und Mittag nicht von Gästen leer wird — sind für den Fremden wohl eines Besuches wert. Der Hrsg.

Die schnelle und leichte Zubereitungsart empfiehlt die „Krone" als vorzügliches Jagd- oder Manöverfrühstück; ebenso bewährt sie sich, frisch mitgenommen, für Touristen. Um Wasser und Salz ist man ja selten verlegen. Eventuell lässt sich das Fleisch auch über Holzfeuer in ein paar Minuten als Beefsteak schmoren.

* * *

Bei all' den nun folgenden Pfannensachen, Steaks, Rostbraten, Kalbsschnitzel und Koteletts etc. habe man Acht, dass die Butter erst richtig heiß geworden, ehe man das Fleischstück einlegt; es erhält sonst ein fahles, bleichsüchtiges Aussehen, auch nehme man nicht zu viel Butter, helfe lieber damit beim Umwenden und Übergießen, kleinstückchenweise nach, wenn man erst auf beiden Seiten eine appetitliche, bräunliche Farbe erzielt hat.

1. Rindergulasch.

(10 Minuten.)

„Ausgezeichnet für schneidige ganze Kerle — teremtete!"

Man röstet im Pfännchen in einem eigroßen Stück Butter zwei Kaffeelöffel voll feingehackter Zwiebel und wo möglich — ist aber nicht unbedingt nötig — ebenso viel in Würfeln geschnittenen Specks 2 Minuten lang. Dann lässt man darin etwa ein halbes Pfund in schöne Würfel geschnittenes Filet 5 Minuten lang leicht anbraten, wendet es ein paar Mal, stäubt eine Messerspitze echten Cayennepfeffer und eine Prise Salz daran, gießt einige Esslöffel gute Bouillon (event. nur Wasser und sofort lösliche Klare Rinds-Bouillon) dazu, schwenkt's leicht durcheinander und speist es mit dem guten Appetit, den ich schon in der Vorrede gewünscht habe, zu einem frischen, knusperigen Brötchen oder zu ganzen Kartoffeln.

2. Lendenschnitten

Man lasse sich vom Fleischer — oder meinetwegen auch von seiner Frau — fingerdicke Streifen von einem schönen Ochsenfilet schneiden, leicht auf beiden Seiten klopfen, bezw. nur ausstreifen (glätten) und wieder zu schöner Form runden.

Zu Hause bestreue man diese Schnitten leicht mit Salz und etwas weißem Pfeffer, brate sie in erst heiß gemachter Butter aus beiden Seiten je 3 Minuten lang, lege sie dann auf erwärmten Teller, koche das im Pfännchen Angelegte mit einem Löffel voll Wasser auf, füge ein wenig Fleischextrakt oder einige Tropfen Sojasoße hinzu und gieße es so über die Lendenschnitten. Diese Soße ist ganz „kurz" zu halten, und soll möglichst nur aus dem eigenen Saft bestehen.

Mit darin aufgekochten Champignons oder einem Güßchen Madeira kann man dieses Gericht …

„Lendenschnitten mit Champignons" oder

„Lendenschnitten in Madeira" taufen.

3. Beefsteaks

Aha, da schmunzelt Ihr!

Ein zweifingerdickes Stück Filet wird nur leicht geklopft, wieder schön gerundet, mit Salz und etwas Pfeffer bestreut und in heißer Butter unter fleißigem Begießen auf beiden Seiten je 4 Minuten gebraten.

Da man Beefsteaks gewöhnlich „englisch" wünscht, ist diese Zeitdauer angenommen. Liebt man sie mehr durchgebraten, so lässt man sie 3 oder 5 Minuten länger schmoren.

Man genießt sie am Besten nur mit dem eigenen Saft begossen, macht sich wohl auch ein Spiegelei oder ein wenig Kräuterbutter darauf und wählt sich eine beliebige Beilage dazu.

Schnell fertig und sehr passend dazu sind ...

Geröstete Kartoffel.

Abgekochte Kartoffel — gleichviel, ob warm oder schon erkaltet — werden geschält und in feine Scheibchen geschnitten, dann mit etwas Salz und Kümmel in Butter schön goldgelb und krustig geröstet. Viele lieben auch etwas Zwiebel daran.

Eine andere Art, Beefsteaks zu bereiten, ist jene, dieselben, wenn leicht geklopft und gesalzen, in gutes Olivenöl zu tauchen und auf die bereits heiß gemachte Pfanne oder einen Rost zu legen. Das Öl verhindert das Ausquellen des Saftes vollkommen, weshalb die ganze Kraft in dem Fleisch bleibt. Man brät es bei guter Hitze sechs bis acht Minuten, wendet es fleißig und belegt diese trocken — d. h. ohne Butter — gebratenen Steaks in Ermanglung eigener Soße mit einem Stückchen Kräuter-, Sardellen- oder Senfbutter (bezüglich ihrer Bereitung siehe Seite 71f.) oder hält sich hier Worcester-Shire oder Beefsteak-Soße

4. Miniatur-Beefsteaks.

(Fünfminutengericht.)

Von dem schmalen Ende des Filets schneide man klein fingerdicke Stückchen ab und dressiere sie zu talergroßen Steaks, die man leicht gesalzen und gepfeffert in heißer Butter 3 Minuten unter fleißigem Wenden und Begießen braten lässt.

Zu Picknicks oder Wanderungen in verschließbarer Pfanne (siehe Büchelsteiner-Maschine!) zu Hause vorbereitet und mitgenommen, können sie auf dem Herd jeder Bäuerin schnell mit etwas Reisig und Holzspänen oder mit genügend Abstand vom Waldrand (Brandgefahr!) auf einem Holzfeuer in wenigen Minuten den hungrigen Jägern oder Touristen zu einem willkommenen „Tischlein-Deck-Dich" dienen.

5. Elektrische-Pfannen-Beefsteaks.

Wer gebratene Steaks weniger englisch und auch von außen weich liebt, schaffe sich eine kleine, nur für ein Beefsteak Raum bietende elektrische Pfanne an, das mit einem gut passenden, fest schließenden Deckel versehen ist. Der Boden des Gefäßes wird reichlich mit Butter ausgestrichen, das vorbereitete Steak — Salz und Pfeffer nicht vergessen! — mit etwas fein geschnittenem Wurzelwerk, als Petersilie, Zwiebel und einigen Gelbe-Rüben-Schnittchen (alles reingewaschen und geputzt) eingerichtet und bei gelinder Hitze gut verschlossen in seinem Saft gedämpft. Nach 4 Minuten wird der Deckel geöffnet, das Steak rasch gewendet und übergossen, etwa zwei Esslöffel voll Bouillon zugesetzt, dann rasch wieder zugedeckt und weitere 3 bis 4 Minuten gebraten.

Vorzüglich und außerordentlich kräftig schmeckt hierzu ein Stückchen Rindermark (aus Markknochen entnommen), das man mitdämpft und auf das Steak legt. Das Fleisch wird dadurch noch weit vollsaftiger.

Maschinensteaks werden nicht auf dem Teller, sondern in der Pfanne serviert und dieses erst vor dem Speisenden geöffnet.

6. Deutsches Beefsteak.

Gehacktes Ochsenfleisch mit gleichviel gehacktem Schweinefleisch gemengt — was man schon in diesem Zustand beim Metzger oder im Supermarkt haben kann — wird angenehm gesalzen und gepfeffert, eventuell auch mit etwas feingeschnittener Petersilie und Zwiebel gemischt, zu schönen, runden, gut fingerdicken Beefsteaks geformt und wie solche in Butter gebraten. Die Brühe wird entfettet, ein paar Esslöffel voll Bouillon oder Wasser mit sofort lösliche Klare Rinds-Bouillon dazugegeben, dies aufgekocht und über das Beefsteak gegossen.

Bratzeit 8 Minuten unter öfterem Wenden.

7. Rohe Beefsteaks (á la tartare).

Vorzügliches, Katzenjammer ersparendes Magenpflaster, wenn der ganze Kerl des Guten mal zu viel getrunken!

Frisches, hautloses, feingehacktes oder geschabtes Filet, mit Salz und Paprika gewürzt, wird zu daumendicken kleinen Beefsteaks geformt; in der Mitte eines jeden drücke man mit einem Ei eine kleine Vertiefung ein und fülle dieselbe mit einem frischen (nicht zerlaufenen) Eidotter. Die Steaks umgebe man mit kleingehackten Zwiebeln und Essig-Gürkchen und mische beim Verzehren etwas Essig, Öl und Senf dazu.

8. Wiener Rostbraten.

Lass Dir, schätzbarer ganzer Kerl und Oberleibkoch Deiner eigenen Gnaden, einen fingerdicken Streifen vom Roastbeefstück abschneiden und leicht auf beiden Seiten ausstreifen (glätten)! Dies wird dann gesalzen, gepfeffert und in heißer Butter mit einigen Zwiebelscheiben unter fleißigem Begießen und Wenden sechs Minuten lang gebraten.

9. Rostbraten — echt ungarisch

... wird samt der Rippe, wenn leicht gesalzen und mit etwas Paprika bestreut, in halb Butter halb Schweineschmalz unter Zugabe von reichlichen Zwiebelscheiben gebraten.

Kalt gestellt, mit dem ganzen Saft übergossen, bildet dieses Gericht eine beliebte Frühstücks- und Abendmahlzeit. Die erstarrte Soße schmeckt aufs Brot gestrichen vorzüglich. Irgendein pikanter Salat, harte Eier, Salzgurken und dergl. statten die Platte oder Teller komplett aus.

10. Rumsteak — Entrecote.

Vom Roastbeefstück ein gut daumendicker Streifen abgeschnitten, rechts und links etwas geklopft, leicht gesalzen und gepfeffert, in schöne, längliche Form gebracht, das Fettkränzchen einige Male eingeschnitten, wird dann in erhitzter Butter auf beiden Seiten je 3—4 Minuten schön gebraten. Der eigene Saft, mit dem man es fleißig begleße, wird schließlich mit ein paar Esslöffeln voll Bouillon aufgekocht und darunter gegossen.

Hier eine **Soße Bernaise** auf leichteste Art: Fünf Esslöffel voll Weißwein, zwei Eigelb, zwei Kaffeelöffel Maggi Suppenwürze, etwas Zitronensaft, ein Esslöffel Estragonessig, etwas Muskatnuss, feingehackte Zwiebel und Petersilie, eine Prise Salz und eine solche weißen Pfeffers, wird mit einem eigroßen Stück Butter in einem Porzellantöpfchen, das man in leicht kochendes Wasserbad stellt, fein dicklich abgerührt.

11. Büchelsteinerfleisch

— unter dem etwas entstellten Namen „Pichelsteiner" bekannt wird nach Originalrezept, wie folgt, bereitet:

Hauptsache ist eine gut schließende Doppelpfanne, sehr einfach aus zwei tiefen, tellerartigen Teilen bestehend. Feuerung: ein beliebiger Apparat oder nur ein Dreifuß über Holzfeuer.

Am Besten verwendet man nur Filet, das vollständig enthäutet und in Stücke von Messerrückendicke geschnitten wird.

Pfanne für die Zubereitung
von Büchelsteinerfleisch

Unten in die Doppelpfanne kommt etwas zerbröckeltes Ochsenmark (aus Markknochen entnommen), darüber eine Lage Fleisch, das man salzt, mit Paprika bestreut und reichlich mit fein geschnittenem Wurzelwerk (Zwiebel, Gelbe Rüben, frischer Petersilie, Lauch etc.) bedeckt. Nunmehr folgt eine Lage vorher in Scheiben geschnittene Kartoffel, die man übersalzt und dann so fortfährt, Mark, Fleisch, Wurzeln und wieder Kartoffel aufeinanderzuschichten. Für eine oder zwei Personen genügt wohl je eine Lage des Genannten; für Mehrere fülle man die Maschine mit entsprechend vielem Material schichtenweise bis über den Rand, gieße einige Esslöffel Wasser oder Bouillon darüber und drücke den andern Teil der Maschine fest darauf. Man lasse nun die Masse auf dem Feuer erst auf der einen Seite etwa acht bis zehn Minuten dämpfen, stürze sie dann und lasse sie die gleiche Zeit auf der andern Seite schmoren.

Ist die Maschine mit mehreren Schichten gefüllt, so erfordert das Kochen selbstverständlich längere Zeit (30 — 40 Minuten).

Beliebt ist es auch, Büchelsteinerfleisch aus verschiedenen Fleischarten herzustellen. Die untere Lage bildet dann Schweinefleisch, die zweite Rinderfilet, die dritte Kalbfleisch — alles gleichmäßig geschnitten, dazwischen je eine Lage Kartoffeln und Grünes.

* * *

Die Geschichte des Büchelsteinerfleisches ...

... führt auf einen praktischen bayerischen Forstmeister um etwa 1850 zurück. Der Büchelstein ist ein Ausläufer des Bayerischen Waldes in der Gegend von Hengersberg bei Deggendorf und seiner hübschen Aussicht wegen ein beliebter Ausflugsort dortiger Naturfreunde. So bestiegen seinen Gipfel schon vor jener Zeit Einheimische und Fremde gerne. Um aber nach den Mühen des Aufstiegs neben einem Trunk Bier, das man in Fässchen hinaufschaffte, ohne besondere Weiterungen auch ein kräftiges warmes Gericht genießen zu können, ersann der damalige Forstmeister Hilber das Büchelsteinerfleisch. Das Gericht wurde im Tal in einer gut verschließbaren Blechkasserolle zusammengestellt, im Rucksack den Berg hinaufgetragen und oben gar gekocht.

Das vorstehende Rezept und diese Bemerkungen über die Geschichte des Büchelsteinerfleisches verdanke ich der Güte einer nahen Verwandten des wackeren Forstmeisters. Wenn man übrigens „Büchelsteiner" transportiert, gieße man das kleine Quantum Wasser, das zum Verdampfen nötig ist, erst an Ort und Stelle zu.

Das müsst' kein ganzer Kerl sein,
Der nicht das Fleisch von Büchelstein
Hochhielte als ein Ideal
Und kochte hie und da einmal!
Zeigt sich ja doch das „Büchelsteiner"
Stets als der Steine der Weisen einer!

* * *

Zu vorstehend beschriebenen Gerichten, den Steaks, Filets und Rostbraten etc. eignet sich vorzüglich eine Beilage von …

12. konservierten Gemüsen.

Bei nachstehenden Originalrezepten der französischen und englischen Küche bemerke ich wiederholt wie an früherer Stelle, dass das Erwärmen der Konserven in der Büchse nur dann anzuraten ist, wenn der ganze Inhalt derselben auf einmal verbraucht wird; andernfalls entnehme man nur das nötige Quantum und bereite es im Pfännchen zu. In eine geöffnete Büchse gieße man ein paar Tropfen von in Wasser gelöster Sorbinsäure, um den noch vorhandenen Inhalt vor dem Verderben zu schützen, das ihn sonst leicht ereilt.

13. Grüne Bohnen. — Haricots verts

Man erwärme die Bohnen, deren Wasser man in der Büchse zurückgelassen oder abgeseiht hat, mit einem Stückchen frischer Butter, die man heiß, aber nicht braun werden lässt, gebe eine Prise Salz und weißen Pfeffer dazu, schwenke das Gemüse à Portion mit einem Teelöffel Maggi-Würze oder Sojasoße gut durcheinander und lege oben drauf noch etwas klein zerbröckelte frische Butter mit feingehackter Petersilie gemischt.

14. Kernbohnen — Flageolets.

Nachdem die Dose geöffnet worden und die Bohnen gut abgelaufen sind, würze man sie mit je einer Prise Salz und weißem Pfeffer sowie etwas Muskatnuss. Dann schütte man sie in heiß gemachte Butter, gebe ein paar Esslöffel Sekundenbouillon hinzu und dämpfe das Gemüse einige Minuten.

Schließlich mische man ein Stückchen Beurre Manié (Mehl und Butter kalt vermischt) sowie etwas Petersilie darunter, schwenke es gut durcheinander und serviere es recht heiß.[3]

15. Getrocknete Gemüse.

Dieselben sind durch den Entzug des Wassers dauerhaft gemacht, enthalten aber alle Nährsalze, sodass man bei ihnen Zeit, Mühe und Feuerungsmaterial spart. Sie werden ohne vorheriges Einweichen 15—20 Minuten in Salzwasser gekocht; Wasser nehme man dabei nur so viel, als zum reichlichen Aufquellen erforderlich. Dann gieße man das wenige noch überflüssige Wasser ab und bereite die Gemüse nach obigem Rezepte zu.

Bei Blaukraut achte man darauf, dass man es — frisch geschnitten wie getrocknet — erst mit etwas Essig überspritze, damit es seine schöne Farbe behält und nicht grau oder braun aussieht.

16. Erbsen — Petits Pois.

Man öffnet die Dose — nachdem man sie, falls man ihren ganzen Inhalt verwenden will, fast bis zum Siedepunkt erwärmt hat — schüttet die Erbsen auf ein Sieb, lässt sie gut ablaufen, macht die nötige gute Butter recht heiß, aber nicht braun, schüttet die Erbsen hinein, schwenkt sie gut und gibt Salz, etwas Petersilie, wenig Pfeffer und eine Prise Zucker hinzu und serviert das Gemüse, nachdem man noch etwas Butter mit Petersilie gemischt obenan gelegt hat.

---

3 Anmerkung: Diese Art Gemüsesaucen-Zubereitung mag man bei allen anderen frischen und getrockneten Gemüsearten anwenden, wie Karotten, Spinat, Sellerie, Blaukraut, Weißkraut, Julienne, Rosenkohl, Bohnen etc. etc. Der Hrsg.

17. Petits Pois à l'anglaise.

Man erwärmt die Erbsen, fügt ein wenig Salz hinzu, lässt sie gut ablaufen, schüttet sie in die Teller und überstreut das Gemüse mit ein wenig feinem Zucker und gehackter Petersilie. Dann bedeckt man die Erbsen mit feinen Schnittchen frischer Butter, welche man von selbst zergehen lässt.

Achtgeben, dass vor lauter Obachtgeben diese Gemüse doch gut heiß auf den Tisch kommen, also Teller und Platten wärmen!

18. Stangen-Spargel.

Man öffnet die Dose, lässt das Wasser ablaufen und lässt die Stangen behutsam in beinahe kochendes Wasser gleiten, gießt eine Kleinigkeit Butter und Salz hinzu, lässt die Spargel, bis sie heiß sind, darin liegen und serviert sie mit einer weißen Soße aus Butter, Mehl, Spargelbrühe und Liebig Fleischextrakt.

Eine zweite Zubereitungsart ist die, dass man die geschlossene Dose — wenn man deren ganzen Inhalt verwenden will — 8 bis 10 Minuten in kochendes Wasser stellt, sie dann öffnet, den Spargel gut ablaufen lässt, auf einen Teller schüttet und mit der gleichen Soße oder nur mit heißer Butter übergießt.

Sehr angenehm schmeckt der Spargel auch, wenn man denselben mit einer Essig- und Öl-Soße, welcher man einen zerdrückten Eidotter beimischt, serviert. Doch muss feinstes Olivenöl dazu genommen werden und weniger Essig.

19. Brechspargel.

Man öffnet die Dose, gießt das Wasser ab und schüttet die Spargel in eine recht heiße weiße Buttersoße und schwenkt das Gemüse tüchtig darin um, ohne es mit dem Löffel zu berühren.

20. Artischocken-Böden — Fonds d'artichauts.

Man erwärmt die geschlossene Dose 8—10 Minuten in kochendem Wasser oder legt die Artischocken-Böden in kochendes Wasser, damit sie gut heiß sind, und übergießt dieselben mit folgender Soße: Man nimmt 4 Eidotter, ein Stück frische Butter, einen Kochlöffel voll Mehl und einen halben Liter Fleischbrühe, dazu das nötige Salz, rührt die Soße auf dem Feuer, bis sie kocht, und übergießt damit die Artischocken.

21. Artischocken mit Käse.

Man erwärmt die Artischocken in Bouillon — wie oben geschildert — lässt sie gut ablaufen, legt sie lagenweise in eine tiefe Schüssel und streut geriebenen Parmesan oder Schweizerkäse dazwischen, übergießt das Ganze mit einer Rahmsauce und Butter und lässt es backen.

22. Champignons.

Sie gehören zu den edelsten, wohlschmeckendsten, nahrhaftesten und leicht verdaulichen Pilzarten und lassen sich neben ihrer Verwendung zu vielen Sorten Fleischspeisen auch als Gemüse richten, indem man 2 — 3 Esslöffel guten sauren Rahm, etwas Mehl und den Saft einer Zitrone heißmacht, die Champignons dazu schüttet, mit aufkocht und mit einem Teelöffelchen sofort lösliche Klare Rinds-Bouillon oder Sojasoße schmackhaft macht.[4]

* * *

Von allen Gemüsen, die es gibt,
Ist eines am allermeisten beliebt
Ich meine: Des Ruhmes Gemüse!
Doch strebe ihm Keiner nach zu sehr,
Damit er die Ruhe nicht immer mehr
Und seine Zufriedenheit büße!

* * *

Sollst Du leben frisch und wohl,
Zücht' nicht allzu vielen — Kohl!
Willst Du schon was angebaut,
Sei es — Tausendguldenkraut!

23. Büchsenzungen.

Zungen gibt's ja ganz verschiedene auf der Welt. Da Zünglein der Flamme, die gierig nach der bezahlten Rechnung als nach einem sehr seltenen Genuss leckt — da Zünglein an der Waage, das oft bedeutend hin und wider zuckt, ehe es sich für diese oder jene Schale entscheidet, das Weiberzünglein, das vom süßesten Flöten bis zur schärfsten Gardinenpredigt alle Töne bemeistert — aber für ganze Kerle ist und bleibt eine Büchsenzunge das Wertvollste.

Es mag ja auch manchen Ehemann geben, der Hunderte dafür zahlen würde, wenn er die Zunge seiner Schwiegermutter in eine Büchse einsperren könnte; aber geschieht ihm schon recht. Der ganze Kerl macht's anders:

---

4 Das Quantum von Zutaten an Mehl, Butter, Maggis Würze oder Sojasoße bei allen diesen Gemüsen bemisst sich selbstverständlich nach der Zahl der Portionen. Für eine Person rechne man stets ein zweiwalnussgroßes Stück Butter und je einen Teelöffel Mehl und Würze. Der Hrsg.

Er öffnet die Büchse, befreit die Zunge von ihrem Fett und schneidet nach Bedarf in schönen schrägen Streifen ab — einmal an der Spitze, einmal am Ende, damit sich die kleinen schmalen mit den größeren ansehnlichen Stücken ergänzen.

Die Zungenschnitten erwärmt man in heißem — jedoch nicht kochendem — gesalzenen Wasser oder in Bouillon und wählt dazu eines der frischen oder getrockneten Gemüse.

Sehr gut schmeckt hierfür der weiter oben beschriebene Bouillon-Meerrettich.

24. Geräuchertes Ochsenfleisch.

Der Ochse ist von einer unverwüstlichen Menschenfreundlichkeit. Selbst geräuchert schmeckt er delikat — besonders das Hamburger geräucherte Ochsenfleisch ist sehr beliebt.

Es wird in kaltem Wasser zugesetzt und reichlich 2 Stunden gekocht. Die Brühe von geräuchertem Fleisch ist sehr gut zur Bereitung von Hafer- und Gerstensuppen.

25. Kalbsgulasch.

Man gebe zwei Kaffeelöffel voll feingehackter Zwiebel in heiße Butter, dazu eine Messerspitze Paprika und ein paar Tropfen Essig, der dazu dient, dem Cayennepfeffer seine schöne rote Farbe zu erhalten. Hierin schmort man ein Pfund in messerrückendicke Würfel geschnittenes Kalbfleisch ungefähr acht Minuten lang, bestäubt es mit einem Kaffeelöffelchen voll Mehl und einer Prise Salz, gießt nach weiteren 3 Minuten eine halbe Tasse Sekundenbouillon dazu, kocht es damit noch 2 Minuten auf und kräftigt es mit einigen Tropfen Maggi-Würze oder Sojasoße.

26. Kalbs-Koteletts und Schnitzel

... lässt man sich am Besten gleich vom Metzger vom geeigneten Stück abschneiden und auf beiden Seiten leicht klopfen, beziehungsweise ausstreifen (glätten). Leicht mit Salz und Pfeffer bestreut — eventuell auch mit ganz wenig Mehl — legt man es in sehr heiße Butter und brät es unter fleißigem Wenden und Übergießen 7 Minuten lang. Der Soße setze man einen Löffel voll Wasser oder Bouillon und etwas Fleischextrakt oder Sojasoße zu.

Als Paprikaschnitzel gegeben, wird das Fleischstück erst auf beiden Seiten mit etwas echtem Paprika und Salz eingerieben, dann wie beim anderen Kalbsschnitzel verfahren, nur noch der Soße etwas saurer Rahm und Zitronensaft beigemengt.

Wie unter loserem Gewitzel
Ein biederes Gedankenschnitzel,
Macht sich beim Mahl solid und nett
Ein Schnitzel oder Kalbskotelett

27. Panierte Koteletts und Schnitzel.

Dieselben werden — wenn vorbereitet und gesalzen in zerklopftem Ei und Semmelbröseln (Reibbrodl gewendet und in reichlicher, zur Hälfte mit gutem Fett versetzter Butter auf beiden Seiten schön goldbraun gebacken. Zeit: 8 Minuten.

28. Schweine- und Hammel-Koteletts.

Was man sonst ungerechterweise
Im Leben lässt ein Schimpfwort sein,
Das macht vorzüglich sich als Speise:
Sowohl der Hammel wie das Schwein!

Auch diese Koteletts werden — wenn vorbereitet, gesalzen und gepfeffert — in siedende Butter gelegt und bei fleißigem Wenden und Begießen circa 8 Minuten lang auf raschem Feuer gebraten.[5] Beilage grüne Erbsen oder Bohnen.

29. Wurzelfleisch.

(Erprobtes Katerfrühstück.)

Wie der Mensch im Wald leicht über Wurzeln stolpert und sich darein verwickelt, so fängt sich auch der Kater, dieses bei ganzen Kerlen herdenweise auftretende Raubtier, gerne in den Wurzeln gegenwärtigen Gerichtes und kommt darin unter ersterbendem Miauen endgültig zu Fall. Man nehme schöne kleine Portionsstücke von Kalb-, Schwein- oder Hammelfleisch (Kotelettstück, Hals, Grat oder Bug) und bedecke sie mit einem Sud von zwei Teilen Fleischbrühe (auch Sekundenbouillon) und einem Teil guten Weinessigs. Dazu kommen reichlich feine Zwiebelscheiben, in feine Streifen — wie Julienne — geschnittenes Wurzelwerk, als Sellerie, Petersilie, Lauch und Gelbe Rüben (in Ermanglung von frischem Wurzelwerk getrocknete Julienne), ein Lorbeerblatt (wenn tunlich, aus eigenen Lorbeerkränzen), einige Pfefferkörner, etwas Zitronenschale und eine Prise Salz.

Zu guter Hitze gebracht, lasse man das Ganze eine Viertelstunde langsam, aber beständig kochen, überzeuge sich an einem Fleischstück durch Abschneiden eines kleinen Bissens, ob es genügend weich sei, kräftige dann den Sud noch mit etwas Suppenwürze oder Worcestersoße und tische das Fleisch samt dem Wurzelwerk und der sehr kräftigen Brühe auf.

---

5 Zu beachten ist, dass für ein Bratstück — welcher Art es sei — stets abgelagertes, mindestens 2—3 Tage vorher geschlachtetes Fleisch verwendet werden muss; denn frisches Fleisch schrumpft zusammen und wird trocken und hart. Der Hrsg.

30. Saures Kalbshirn — Blaumontagsgericht.

Wenn einem Menschen „das Hirn sauer geworden", wenn er einen Ast zu viel hat, „spinnt", oder eine Schraube bei ihm los ist, das ist ja recht fatal — für ein Kalbshirn dagegen ist es der beste Gedanke, sauer zu werden, was man ihm dadurch ermöglichen kann, dass man es erst in kaltes, dann in laues Wasser bringt, vom Blut und von den feinen Äderchen befreit, dann mit dem gleichen Sud, wie im vorigen Rezept geschildert, bedeckt, ebenso auch mit reichlichen Zwiebelscheiben. Dann koche man es gut gesalzen und gepfeffert in der Brühe, die man später mit etwas Liebig Fleischextrakt oder Klare Fleischsuppe kräftigt, 8 — 10 Minuten langsam durch und bringe es auch samt Zwiebeln und Brühe auf den Tisch.

31. Schweinsnieren

… suche man nur von einem jungen Tier zu bekommen, ziehe ihnen das Häutchen ab — wozu man sich aber nicht dadurch, dass man erst den Menschen die Haut abzieht, einüben soll, schneide sie feinblättrig auf, lasse in einem Stückchen frischer Butter etwas fein gehackte Zwiebel gut erhitzen und röste darin die mit einer Prise Salz und weißem Pfeffer bestreuten Nieren nur einige Minuten, sie dabei fleißig wendend. Dann gebe man einen Kaffeelöffel voll Maggi-Würze oder Sojasoße und etwas Zitronensaft oder einige Tropfen guten Essig dazu und schwenke sie nochmals gut durcheinander. Man genieße sie sofort; bei der geringsten Verzögerung werden sie hart wie das Herz einer Kokette und trocken wie der Schlund eines Studenten in der Sahara.

32. Kalbsnieren

… bereite man nach vorstehendem Rezept — nur halte man hierbei sich ans Kalb statt ans Schwein!

33. Hammelnieren.

… ebenso! An diese gehört ein kleines Teilchen Knoblauchzehe, was übrigens nicht Jedem nach Geschmack ist.

34. Kalbsleber.

… wird in feine Scheiben aufgeschnitten, und wie die Nieren zubereitet.

35. Gebackene Kalbsleber.

Schöne, etwa zwei Messerrücken dicke Scheiben Leber werden leicht übersalzen, mit einer Prise weißen Pfeffer und ganz wenig Mehl bestäubt und in heißer Butter nur einige Minuten gebraten.

36. Schweine-Herz, Ohr und Rüssel

… schmeckt gut in leicht gesalzenem, schon leicht siedendem Wasser 8—10 Minuten abgekocht und nur mit deutschem Senf gespeist. Ebenso sonstige kleine Portionsstücke von frisch geschlachtetem Schweinefleisch, die unter dem Namen „Kesselfleisch" sehr beliebt und in 10 Minuten fertig sind.

37. Schweineherz

… kann auch roh fein aufgeschnitten und wie Leber und Nieren pikant in kurzer Soße zubereitet werden.

Wer zart empfindet, fühlt wohl Schmerz,
Wenn er sich diese Speise kocht;
Denn ach, das arme Schweineherz
Hat liebend auch vielleicht gepocht!

38. Schweins— und Kalbszunge

… sind ebenfalls beliebt, wenn man sie wie Kessel-fleisch abkocht, dann die Haut abzieht, leicht mit Salz überstreut und naturell auftischt.

39. Kalbskopf nach Münchener Art.

Ein halber Kopf (ohne Haut) wird samt den Knochen in leicht gesalzenem Wasser gekocht, bis die Knochen, samt denen er aufgetischt wird, sich leicht ablösen las-sen, was nach etwa einer halben Stunde der Fall ist. Man speist ihn ganz naturell, bedeckt ihn aber auch oft mit in heißer Butter goldbraun gerösteten Semmelbrö-seln.

Willst Du der Münchener Art getreu sein
Bei diesem Leibgericht durchaus,
So lass ein Mäßlein Bier dabei sein,
Wenn möglich, gar vom Hofbräuhaus!

40. Lammleber.

Man kocht sie nur einige Minuten in leicht gesalze-nem Wasser, lässt sie vielmehr nur ziehen, bis beim An-stechen kein Blut mehr ausfließt. Erkaltet wird sie dann fein aufgeschnitten, leicht mit Salz und weißem Pfeffer bestreut und schmeckt so außerordentlich fein und zart wie Gänseleber. Als Zugabe eignet sich frische oder Sar-dellenbutter.

41. Papriziertes Lammfleisch.

Unter den Erdenkindern gibt es kaprizierte Lämm-chen das vierfüßige Lämmlein macht sich aber papri-ziert besser, indem man die Hälfte oder nach Bedarf nur ein Viertel eines jungen Lammes in schöne kleine Portionsstücke geteilt, leicht übersalzen, mit kleinen rohen Kartoffeln (die ersten im Frühjahr, zur Zeit der jungen Lämmchen und Lenzgedichte) und fein geschnittenem Wurzelwerk (Zwiebel, Gelbe Rüben, frischer Petersilie, Lauch etc.) nebst einem Stück Butter in ein gut verschließbares Gefäß (eventuell die „Büchelsteiner"-Maschine) einrichtet, mit ein Paar Messerspitzen echtem Paprika überstäubt und mit einigen Esslöffeln voll zugegossener Bouillon eine gute Viertelstunde dämpft.

* * *

Als Dr. Müller eines Vormittags an der Wohnung des jungverheirateten Professors Walter vorbei ging, sah er an einem offenen Parterrefenster die reizende Frau des Professors, das Lockenköpfchen auf die kleine Hand gestützt, mit bekümmerter Miene in einen Sessel lehnen, dass er sich nicht begnügen konnte, mit einem höflichen Gruß vorüberzugehen, sondern eine teilnahmsvolle Frage anknüpfte, was denn die Rosenlaune der glücklichen jungen Frau gekränkt habe.

„Ach", seufzte sie errötend, „ich bin in einer entsetzlichen Lage: Mein Mann möchte heute Mittag durchaus Irish Stew essen; nun hab' ich aber keine Ahnung davon, und meine Köchin, die noch nicht lange in der Stadt ist, erst recht nicht —"

„O," lächelte der Doktor etwas boshaft, „wenn es sonst nichts ist, gnädige Frau, so bitte ich Sie bloß, mir für ein Stündchen Zutritt auf den geweihten Boden Ihrer Küche zu gestatten. Ein armer Teufel von einem ganzen Kerl lernt sogar vor Verzweiflung Irish Stew kochen!"

Eine Minute später stand der Arzt in der Küche und hantierte dort mit einer solchen Fertigkeit, dass die junge Frau bewundernd zusah und ihre Köchin vollends Mund und Augen aufriss. „Sehen Sie", sagte er dazwischen hinein, „mein Rezept für ...

42. Irish Stew oder irisches Hammelfleisch

… ist Folgendes: Stückchen von Hammelschulter werden in einem mit Butter ausgestrichenen Gefäß[6] mit rohen Kartoffelschnitzen, Wurzelwerk (Zwiebel, Gelbe Rüben, frischer Petersilie, Lauch etc.) und einigen Wirsingherzchen, dem nötigen Salz, weißem Pfeffer und etwas zugegossener Bouillon 30 — 40 Minuten lang gedämpft und der Saft noch mit etwas Liebig Fleischextrakt oder Klare Fleischsuppe gekräftigt. Kolossal einfach, nicht wahr?"

„Wie soll ich Ihnen danken?", sagte die junge Frau etwas verlegen, als sie vor dem dampfenden Gericht standen.

„O," entgegnete der boshafte Schelm, während die Köchin seinen Hut vom Korridor holte, „Sie haben mir nichts zu danken! Waren Sie doch unbewusst meine Lehrmeisterin im Kochen! Betrachten Sie das als einen kleinen Gegendienst dafür, dass Sie mir seinerzeit einen — Korb gegeben haben!"

Und weg war er.

43. Geräuchertes oder rohes Schweinefleisch

… wird gerne in Sauerkraut gekocht. Letzteres setze man mit kaltem Wasser und einer ganzen Zwiebel zum Feuer, (salze es leicht, wenn es noch neu ist) und koche es mindestens eine Stunde. So lange wird ungefähr auch das Fleisch brauchen; andernfalls lege man dieses früher aus und erwärme es erst beim Gebrauch. Als Bindemittel mache man eine Schmelze (ganz helles Einbrenn) von etwas Schweineschmalz und Mehl an das Kraut.

Rübenkraut wird ebenso zubereitet.

---

6   Büchelsteiner-Doppelpfanne oder Beefsteak-Maschinchen. D. Verf.

44. Würstchen.

Den Magen stärkend, erzeugend den Durst
Wirkt das Würstchen und auch die Wurst.
Sie vertritt mit Glück in der Gastronomie
Die edle Wissenschaft Philosophie
Denn in allen Ländern des Erdenkreises
Gilt die Wurst als etwas besonders Weises
Ihre Weltanschauung ist abgerundet,
Von allen Ecken und Kanten gesundet.
Wird sie selbst in mehreren Zipfeln genossen,
Ist jeder was Ganzes, in sich abgeschlossen
Und bleibt in den hitzigsten Daseinsfällen
Sich selber treu und seinen Gesellen.
Auch lebt die Wurst durchaus innerlich,
Verschließt ihren wahren Gehalt in sich
Und gibt erst, wenn ihr Lebenslauf aus,
Ihre wackern gesammelten Werke heraus.

* * *

Würstchen aller Art lasse man in bis zum Siedepunkt gebrachtem Wasser nicht kochen, sondern so lange ziehen, bis sie sich stramm anfühlen. Frankfurter Wurst braucht 8—10 Minuten, dünnere Brat-, Weiß- und Wiener-Würstchen die Hälfte an Kochzeit, dickere entsprechend länger.

LIEBIG COMPANY'S FLEISCH-EXTRACT.

A.E. von NORDENSKJÖLD Entdeckung der Durchfahrt nach Nord-Amerika im Polarmeer. 1878-80.

LIEBIG COMPANY'S FLEISCH-EXTRACT.

EMIN PASCHA Im Innern Afrika's

V. Wildbret

Eine Erzählung davon:

Es waren einmal sechs ganze Kerle. Drei davon waren brav und drei bös. Und die drei Braven sprachen untereinander, sie wollten am nächsten Sonntag auf die Jagd gehen.

Aber auch die drei Bösen, die davon gehört hatten, sprachen untereinander und beschlossen, gleichfalls auf die Jagd zu gehen und den drei braven ganzen Kerlen alles wegzuschießen.

Und siehe da, als der Sonntag kam, trafen sich alle sechs ganzen Kerle im — Wildbretladen und kauften ihn vollkommen aus.

* * *

M o r a l:

Aus diesem Märlein geht hervor.
Dass, wer ein ganzer Kerl ist
— Ob brav, ob bös — am Sichersten
Sein Wild beim Wildbrethändler schießt.

* * *

Natürlich hat für eine Miniaturküche die Zubereitung von Wildbret insofern Schwierigkeiten, als — wenn man nicht selbst Jäger ist — kleinere Portionsstücke aus einem Schlegel oder Rücken immerhin schwer erhältlich sind.

Über einen Hasen indessen kann man sich schon machen (nur nicht auf's Dach hinauf!), da der kalte übrig gebliebene Braten so gut wie frischer schmeckt. Mit dem Kochgeschirr, woran's wohl hie und da hapern wird, muss man sich eben zu helfen wissen. Übrigens lässt sich ein junger Hase in fünfzehn Minuten leicht am Spieß braten; der Bratspieß muss freilich auch erst da sein. Aber man glaubt nicht, wie erfinderisch man gerade in der Kochkunst bei einiger Lust und Liebe zu ihr wird und mit welch' einfachen Mitteln man häufig die scheinbar größten Schwierigkeiten überwindet!

1. Der Hase

... wird kunstgerecht ausgeweidet (Jäger verstehen's — Laien wollen sich's, da sie aus der bloßen Beschreibung doch kaum klug würden, zeigen lassen). Dann wird er enthäutet, alles zum „Jung" (-„Hasenpfeffer") Gehörige weggehackt, Schlegel und Ziemer (Rücken) mit Salz und etwas Pfeffer bestreut, etwa mit dem Rest einer Flasche Rotwein gebeizt und mit etwas Butter — womöglich, auch saurem Rahm und Zitronensaft — beträufelt, bei gutem Feuer am Spieß eine Viertelstunde oder in der Pfanne eine halbe Stunde gebraten.

2. Hasenpfeffer.

Alles dazu Gehörige (Schultern, Brüste, Kopf, Lunge und Leber) wird in hübsche, nicht zu kleine Stücke geteilt und in eine Marinade von Essig, einigen Pfefferkörnern und Wacholderbeeren etc. gelegt. Darin wird es 15 Minuten lang mit etwa zwei Tassen zugegossener Sekundenbouillon gekocht, so viel als nötig gesalzen und die Soße mit einem Stück Beurre Manié (etwa eigroß Butter mit Mehl kalt vermischt) bündig gemacht. Man lasse nun das Ganze noch ein Weilchen aufkochen, verdünne die Soße allenfalls mit noch etwas Bouillon und kräftige sie mit Liebig Fleischextrakt.

Ganze Kartoffeln sind eine beliebte Beilage hierzu.

* * *

Die zartesten Bissen von Hirsch und Reh, deren Filet nämlich, geben gespickt, leicht mit Salz und Pfeffer bestreut, mit etwas Wein, Zitronensaft und saurem Rahm beträufelt, wie der Hase gebraten, eine gar leckere Schüssel, die in einer Viertelstunde fertig gekocht sein kann.

Oder man durchschneide diese Filets quer in Scheiben, die man zu talergroßen Steaks formt, jedes mit ein paar Speckstückchen durchzieht, leicht salzt und pfeffert und in heißer Butter schmort. Nach 2—3 Minuten wendet man sie, kräftigt den ihnen entquollenen eigenen Saft mit Maggi-Würze oder Sojasoße, einem Güßchen Madeira, sowie etwas Zitronensaft, dämpft nach Belieben auch einige Champignons mit und setzt dieses hochfeine Gericht — „Wildfilets" genannt — seinem Gast, der man auch selbst sein kann, vor. Zubereitungsdauer 5 bis 7 Minuten.

* * *

Manchmal will der ganzer Kerl auch mit einem im Wildbretladen „selbstgeschossenen" ...

3.   Rebhuhn

... imponieren. Er muss sich dann aber unvermeidlich der Mühe des Rupfens und Ausnehmens unterziehen. Von innen und außen hierauf mit einem reinen Tuch getrocknet und leicht gesalzen, wird das Feldhuhn auf Brust und Rücken in Speck eingebunden, mit etwas Wein, eventuell auch mit einigen Tropfen Estragonessig beträufelt und in Butter mit etwas Wurzelwerk (Zwiebel, Gelbe Rüben, frischer Petersilie, Lauch etc.) gebraten. Nach 15 Minuten — ich setze voraus, dass es ein junges Huhn mit hellen Schuhen ist — wird die Soße entfettet, etwa noch etwas Wein und Zitronensaft daran gegeben und das Ganze serviert.

Sauerkraut — dessen Zubereitung beim geräucherten Schweinefleisch geschildert wurde — ist eine beliebte Beilage.

4. Haselhühner, Birkhühner, Schneehühner, auch junge Fasanen

… sind auf gleiche Weise zu behandeln.

Ältere Tiere müssen unfehlbar in eine Beize, namentlich — wie Nimroden (großer, leidenschaftlicher Jäger) allmänniglich bekannt — ein im Lebensalter vorgeschrittener Auerhahn. Da dies indessen für die Küche eines ganzen Kerls zu umständlich ist, verweise ich für denjenigen, der's trotzdem wagen möchte, auf ausführlichere Werke.

Immerhin aber kann es vorkommen, dass der ganze Kerl einmal recht dicktun und wenigstens eine …

5. Schnepfe

… riskieren möchte. Ein bewährtes Rezept hierfür ist das folgende: Einige Tage vorher geschossen und an einen kühlen Ort gehängt, wird die Schnepfe samt dem Kopf gerupft, abgesengt und ausgenommen; die Augen werden ausgestochen und die Füßchen einwärtsgebogen, sodass die Klauen aufrecht stehen.

Der Schnabel wird sodann durch die beiden Schlegel gesteckt, dass die Brust schön vortritt. Nun wird der Körper mit Salz und weißem Pfeffer eingerieben, in Speckscheiben gebunden, wie das Rebhuhn zum Braten eingerichtet und saftig fertig gebraten.

Die Hauptdelikatesse, der **Schnepfenkot („Schnepfendreck")** wird, wie folgt, bereitet: Die Eingeweide ohne den Magen werden fein gewiegt (fein zerkleinert) mit etwas Zwiebel, Petersilie und Speck, dann in kleinem Pfännchen zum Feuer gesetzt und in einem Stückchen frischer Butter — etwa einem Zehntelpfund (50 gr.) — einige Minuten geröstet. Dazu gieße man ein Gläschen guten Rotwein, schlage — wenn das Ganze vom Feuer

gezogen — ein Ei daran, gebe etwas geriebenes Weiß-
brot, Salz, Pfeffer und Zitronensaft dazu, verrühre Alles
und streiche es in Messerrückendicke auf in Butter an-
geröstete Semmelschnitten, die nun wieder 5 Minuten
im Ofen geröstet und dann um die Schnepfe garniert
werden.

Das Rezept ist etwas umständlich, aber ich kann
nicht helfen!

D'rum prüfe, eh' Du Dich d'ran wagst,
Ob Du zu leisten dies vermagst,
Und nimm, geht's nicht, in Gottes Namen
Ein — Weiblein Dir; das bringt's zusammen!

6. Krammetsvögel

Gerupft, gewaschen, nicht ausgenommen — nur der
Magen wird vor dem Braten oder Essen durch einen Sei-
tenschnitt herausgenommen — die Kopfhaut abgezogen, die Augen ausgestochen, Schlund und Gurgel mit
dem unteren Teil des Schnabels entfernt, die Füsschen
nach innen gebogen und eines durch die Augenhöhlen
gesteckt, auch das linke um das rechte geschlungen,
dann das Körperchen gesalzen und gepfeffert, mit dünnen Speckscheiben überbunden, in heißer Butter mit etwas zugegossenem Rotwein, Wacholderbeeren und Zitronensaft erst zugedeckt 10 Minuten gedünstet, dann
weitere 5—8 Minuten schön angebraten und die vorher
abgegossene, mit Maggi-Würze oder Sojasoße gekräfti-
te Soße beim Anrichten darunter gegossen.

VI. Zahmes Geflügel

... jedweder Art eignet sich fast gar nicht für die Küche eines ganzen Kerls. Denn wenn sich der stolze ganze Kerl auch im Leben über manch hübsches Gänschen, das einem Anderen rasch den Kopf verrückt und ihn zum Standesamt führt, erhaben weiß, in der Küche ist das doch etwas ganz Anderes: Rupfen, Flammieren, Dressieren erfordern Zeit und Geduld; übrigens erhält man ein junges **Brathühnchen** auch vorzüglich fertig zubereitet. Wer's trotzdem probieren will, richte sich nach dieser einfachsten Art:

1. Brathühnchen

Das vorbereitete Hühnchen von außen und innen leicht gesalzen — nur innen auch etwas gepfeffert — ein Stückchen Butter, etwas frische Petersilie in den Leib gesteckt und das Tierlein dann am Spieß oder im Ofen schön goldbraun unter fleißigem Bestreichen beziehungsweise Beträufeln, mit Butter 15 Minuten gebraten.

Zwiebel, Paradiesäpfel (Tomaten) und Bohnenkraut — wie derlei vielfach, sogar von Kochbüchern als Zutaten zu Geflügel empfohlen werden — nehmen jeglichem Geflügel seinen ureigenen feinen Geschmack und gehören lediglich als Dekoration um die Ahnentafeln der alten Köchinnen.

Auch ein **Täubchen** ist etwas zu umständlich für unsere Zwecke. Ebenso brauchen **Enten, Gänse** und gar **alte Hühner** viel Zeit, bis sie auf des ungeduldigen ganzen Kerls Tisch fehlerlos erscheinen können, weshalb er sich derlei am Besten — von Anderen kochen lässt.

VII. Fische.

Der Fische gibt es mancherlei
Den Karpfen, Backfisch und den Hai
In Fluss, Meer, See und Institut,
Wie's Jedem eben wohler tut.
Gar mancher Fisch dient uns als Nahrung,
Als Medizin gar oft der Harung,
Den man gebildet Hering heißt
Und gern auch als Salat verspeist.
Für ganze Kerle höchst gefährlich
Und trotzdem zugleich sehr begehrlich
Und vielumworben, wie Ihr wisst,
Ein hübscher, junger — Goldfisch ist!

* * *

Zur Bereitung von Fischen sind dreierlei Arten zu raten.

Entweder kocht man den Fisch nur in Salzwasser oder in einem Sud von zwei Teilen Wasser, einem Teil Essig, Salz, einigen Pfefferkörnern, einem Lorbeerblatt, einer In Rädchen geschnittenen Gelben Rübe und reichlichen Zwiebelscheiben ab, oder man schneidet ihn, z. B. einen Hecht, Barbett, Felchen, wenn gereinigt, beide Rückseiten entlang leicht und fein ein, salzt ihn dann und lässt ihn ein Weilchen liegen und wendet ihn nunmehr in Mehl und brät ihn in wenig heißer Butter oder auf heißem Rest auf beiden Seiten schön goldbraun.

Auch unter freiem Himmel nur an einem kleinen Holzfeuer ohne alle weiteren Zutaten als Salz kann man prächtig Fische braten. Sie werden zu diesem Zweck, wenn gereinigt, eingeschnitten, und eingesalzen, im Rachen an einem Stöckchen aufgespießt, dieses unmittelbar am Feuer in die Erde gesteckt und fleißig gedreht, damit der Fisch von allen Seiten schön goldbraun und knusperig werde. In wenigen Minuten ist der Fisch fertig und schmeckt vorzüglich.

Vorstudien hier kann jedermann in München beim Oktoberfest bei den Fischbratereien machen und gleichzeitig die Güte eines frisch fertigen „Steckerlfisches", wie der Münchner sagt, erproben.

1. Seezungen

… schmecken ebenfalls gebraten gut. Die graue Haut in einem Stück abgezogen — man macht hierzu am Schwanz einen Querschnitt — die weiße Seite geschuppt, Seitenflossen und Schwanz zugestutzt, den Kopf schräg abgeschnitten, die Eingeweide ausgenommen; dann wird der Fisch gut gewaschen und hierauf eingesalzen, nunmehr aber leicht in Mehl gewendet, in heißer Butter oder auf dem Rost gebraten und eventuell mit Zitronensaft beträufelt.

2. Forellen

… werden, wenn sorgfältig gereinigt, in Essig-Sud abgekocht, d. h. in dem vom Feuer genommenen Sud nur ziehen gelassen. Wenn die Augen vorquellen, sind sie fertig, was schon nach wenigen Minuten der Fall ist. Gut ist es, ihnen vorher das Rückgrat leicht einzudrücken, damit sie den Kopf nicht emporstrecken; denn Hochmut ziemt niemandem — nicht mal der Forelle, selbst wenn ihre roten Punkte echt sind.

Man gibt gerne zerlassene Butter dazu.

3. Stockfisch (durch Trocknung haltbar gemachter Fisch)

… ist eine Beleidigung, wird aber auch in Salzwasser gekocht, bis er sich blättert, dann mit Butter und Zwiebeln abgeschmälzt; Sauerkraut ist eine beliebte Beilage.[7]

4. Lachs

… wird meist nur in Salzwasser, aber auch häufig in Essig-Sud zubereitet. Man teilt ihn in etwa zweifingerdicke Portionsstücke und lässt ihn ungefähr 8 Minuten ziehen.

5. Aal

… wird — wenn ausgenommen und gründlich gereinigt (die Haut mit Salz abgeschleimt) — vielmals gewaschen, eingesalzen, in fingerlange Stückchen geteilt und mit Salbeiblättern umbunden in Butter gebraten.

* * *

Die zwei Arten Fischsud und die sehr einfache Bratart können bei allen Fluss- und Seefischen zur Anwendung kommen.

Das Panieren und Backen in schwimmendem Schmalz ist für die Küche eines ganzen Kerls zu umständlich.

Wer Zeit hat und die Mühe nicht scheut, bereite sich zu jeder Fischart Salzkartoffel (Kartoffelschnitze in Salzwasser abgekocht).

Statt Butter kann beim Braten auch gutes Speiseöl verwendet werden.

---

7   Keinen Fisch darf man wallend kochen, sondern nur ziehen lassen: man stellt das Fischgefäß deshalb auf die Seite des Herdes oder reduziert die Hitze des Kochapparates. Der Hrsg.

VIII. Meeresfrüchte

1. Krebse

… werden oftmals gewaschen und in siedendem Salzwasser 8 bis 10 Minuten gekocht. Man gibt daran gerne ein kleines Stückchen Butter, etwas Kümmel, eine Zwiebel und Petersilie, lässt die Krebse bis unmittelbar vor dem Gebrauch in der Brühe und speist sie mit frischer Butter.

> *Es haben zeitlebens die Krebse,*
> *Wie klein einer immer sei,*
> *Doch der Couponscheren zwei*
> *Auch Du erstreb'se!*

2. Frische Hummer

… werden in gleichem Sud wie die Krebse je nach ihrer Größe 15—30 Minuten abgekocht und dann mit einem Stückchen Speck oder Butter abgerieben, damit sie schön glänzend rot erscheinen. Zum kalten Hummer gibt man eine Remouladensoße; siehe Inhaltsverzeichnis!

3. Seemuscheln

… werden äußerst sauber in häufig erneutem Wasser gebürstet und abgeschwenkt (die bereits geöffneten aber nicht verwendet). Nun gibt man sie nur mit dem Wasser, das ihnen vom Waschen anhaftet, und nur ganz wenig Salz, aber reichlichem gestoßenem Pfeffer, einem Stückchen Butter, einer ganzen Zwiebel und eventuell etwas Weißwein, (wenn letzterer zugegeben wird, kann das Salz ganz weggelassen werden, da die Muscheln selbst welches besitzen) in einem gut verschlossenen Gefäß so lange zum Feuer, bis alle geöffnet sind.

Das Muschelwasser kann etwas mit Maggi-Würze oder Sojasoße gekräftigt werden.

Beim Verspeisen gibt man, wenn die Muschel mit der Gabel oder einem Messerchen losgelöst ist, mit dem andern Teil der Muschel etwas Brühe darauf.

Eine passende Beigabe ist frische Butter oder eine Soße aus zerlassener Butter mit Essig, Zitronensaft, Pfeffer, Salz, feingewiegter (fein zerkleinerter) Petersilie sowie etwas Muschelbrühe, die man aufkocht und mit Liebig Fleischextrakt oder Klarer Fleischsuppe noch extra kräftigt.

4. Schnecken.

Siehe Schneckensalat!

5. Austern

… das Leibgericht der Feinschmecker, die englischen sind die vorzüglichsten. Alle Austern-Liebhaber wissen, dass hier die Güte von der Frische abhängt. Die Schale muss fest geschlossen sein. Beim Öffnen mittels eines stumpfen Messers schützt man die Hand, welche die Muschel hält, mit einem Tuch und beachtet, dass das in den Muscheln befindliche Seewasser nicht ausläuft. Sollten einige zu trocknen sein, so verteilt man es untereinander, hilft wohl auch mit ein bisschen Salzwasser nach und präsentiert die Austern in der tieferen Schale mit Zitronenschnitzen.

6.   Kaviar.

Der russische Kaviar ist der feinste, aber auch kost-spieligste; er sieht grau und grobkörnig aus. Elbkaviar ist kleinkörnig und nahezu schwarz.

Meeresfrüchte, wie sie in Frankreich an der Atlantikküste serviert werden.

IX. Heringe und Butter

Hering, Du freundlicher,
Schlichter, unscheinlicher,
Herdenweise schwimmender,
Herzensfroh stimmender,
Kleiner, geschmeidiger
Magenverteidiger!
Der Du den bänglichen
Menschen mit länglichen
Katergesichtern oft
Trost bringst ganz unverhofft,
Der Du von Land zu Land
Keinem bist unbekannt!
Tausendfach brauchbarer,
Nur noch nicht rauchbarer,
Stets in sich mehrender
Art zu verzehrender,
Haarweh bezwingender,
Neuen Durst bringender,
Seelisch empfindender,
Niemals verschwindender,
Fröhlicher, friedlicher,
Billiger, niedlicher
Freund eines ganzen Kerls!

* * *

1. Salzheringe

Die neuen zarten Salzheringe werden nicht abge-
häutet, nur gewaschen und ausgenommen. Man speist
sie mit frischer Tafelbutter und Schalkartoffeln.

2. Bratheringe (frisch gebraten).

(Katzenjammergericht.)

Wer den Duft nicht scheut, der etwas über jenen der Rosen hinausgeht, der brate die vorher gewaschenen und ausgenommenen Heringe in einem Stückchen frischer Butter rechts und links je 2 Minuten in der Pfanne oder auf heißem Rost. Im ersteren Fall empfiehlt es sich, neben dem Hering ein paar Spiegeleier einzuschlagen und ihn damit zu garnieren. Das berühmte Magenpflaster gewinnt dadurch an Kraft.

3. Heringe mariniert.

Erste Art. Die Heringe werden über Nacht gewässert, dann ausgenommen, ältere geschuppt und enthäutet — dann ausgewaschen und etwas zugestutzt. Hierauf legt man sie nebst den Milchnern und Rognern in eine passende Terrine, bedeckt sie mit reichlichen Zitronen- und Zwiebelscheiben, einigen Lorbeerblättern und Pfefferkörnern und gießt guten Essig darüber. Vor ihrer Verwendung lässt man sie mindestens einen Tag in der Marinade.

Zweite Art. Nachdem die gewässerten und vorbereiteten Heringe in ein passendes Gefäß eingerichtet sind, werden die Milchner mit Zwiebeln und Kapern fein gewiegt (fein zerkleinert), zwei frische Eigelb mit etwas gutem Senf und etwas Paprika dicklich gerührt und damit die gewiegten Milchner nebst gutem Essig zu einer leicht gebundenen Soße abgerührt, die über die Heringe gegossen wird. Statt Eigelb kann nach Thüringer Art frischer, saurer Rahm verwendet und können die Heringe mit schönen Salzgurkenscheiben dicht belegt werden.

4. Heringsbutter

Ein entgräteter, nicht gewässerter, nur gewaschener Hering wird nebst dem Milchner möglichst fein zerkleinert und mit ebenso viel frischer Butter, als das Heringfleisch ungefähr ausmacht, nebst etwas weißem Pfeffer oder Paprika tüchtig verrührt. Das umständliche Durchtreiben durch ein Siebchen kann unterbleiben.

Heringsbutter ist in einem Töpfchen mit Kochsalz bestreut und mit Wachspapier bedeckt an kühler Stelle lang aufzubewahren.

5. Sardellenbutter.

Ganz wie Heringsbutter zuzubereiten!

Mögen an dieser Stelle zwei andere „Butter"-Arten gleich mit Platz finden:

6. Käsebutter.

Trocken gewordener Schweizerkäse wird erwärmt oder gerieben mit dem gleichen Quantum frischer Butter und etwas Cayennepfeffer gut verbunden und auf Brötchen gestrichen. Pikant schmeckt dazu mitverrührter französischer Senf.

7. Senfbutter

Ein Fünftelpfund (100 gr.) frische Tafelbutter mit anderthalb Esslöffeln französischem Senf und einer Messerspitze Cayennepfeffer verrührt.

X. Leicht herzustellende Soßen

Die Soße ist keine Neben-, sondern eine Hauptsache. Dass sie Wunder tut, ist längst bewiesen; denn gar manche Katze ist, kaum dass die richtige Soße daran kam, zum Hasen geworden.

1. Mayonnaise auf einfachste Art.

Man nehme zwei rohe Eigelb, etwas Salz und weißen Pfeffer und rühre dies mit etwa vier Esslöffel voll von bestem Olivenöl, das erst nur in Tropfen, dann in kleinen Güssen zugesetzt wird, mit einer Schneerute in einem kalten Näpfchen womöglich auf dem Eis glatt und bündig. Dazwischen hinein wird auch güßchenweise guter Estragonessig — etwa zwei Esslöffel voll — zugegeben.

Diese Mayonnaise ist als Beigabe zu kaltem Braten oder zu Hummermayonnaise zu verwenden.

2. Hummermayonnaise

… wird, wie folgt, schnell hergestellt: Auf einem kalten Plättchen werden über einigen mit Essig und Öl frisch angemachten Salatblättern im Winter Endivien, im Sommer Kopfsalatherzchen (oder was eben für eine Art zur Verfügung ist) schöne Stückchen Büchsenhummer erhaben aufgerichtet. Der kleine Berg wird mit Mayonnaise dicht überstrichen und, wenn man Staat damit machen will, mit Kapern, Sardellen, hart gekochten Eiern und dazwischen gruppierten Salatherzchen, Hummerstückchen, auch Kaviar garniert.

3. Kaviarsoße.

Drei Esslöffel Olivenöl zwei Esslöffel Estragonessig, fein geschnittener Schnittlauch und Zwiebel werden mit einem Esslöffel Kaviar verrührt.

Diese Soße passt zu Hummer oder feinem Fisch.

4. Soße Remoulade — tartare.

Petersilie, Zwiebel. Schnittlauch, Porree, wenn möglich auch ein wenig Estragonkräuter, desgleichen etwas Sardellen werden feingewiegt (fein zerkleinert), mit drei Esslöffeln voll Mayonnaise gemischt, dann zwei Esslöffel französischer Senf, ferner zwei bis drei harte Eidotter dazu gerührt.

Empfehlenswert zu kaltem Fleisch, Hummer, harten Eiern, gebratenen Fischen etc.

In Ermanglung von Sardellen und, wenn es mit der Herstellung sehr eilt, — kann sowohl zu Sardellenbutter, wie statt der Sardellen für Remouladensauce Sardellenessenz (Sardellenpaste) verwendet werden.

5. Specksauce

… zu Kraut- oder Hopfensalat[8]. Halbausgebratene Speckwürfel lässt man leicht mit wenig Mehl und kleingehackten Zwiebeln anrösten, rührt dies mit Sekundenbouillon, Essig, Salz und Pfeffer zu einer leicht gebundenen Soße, kocht es auf, kräftigt es mit Maggi-Würze oder Sojasoße und übergießt damit den vorbereiteten Salat.

Statt Mehl kann ein Eigelb als Bindemittel — nach dem Aufkochen, damit es nicht gerinne — verwendet werden.

---

8   Siehe Fußnote S. 93

Diese Salatsoße empfiehlt sich namentlich in Ermanglung von gutem Öl auf dem Lande.

6. Warme Saucen

... sind für die Miniaturküche, ihre Einrichtung und
Vorräte weit schwieriger. Wer aber dennoch kochen will,
bereite sich die einfachsten Arten aus gebranntem Mehl-
Einbrenn oder einem Soßenbinder mit Sekundenbouillon glatt gerührt, mit Salz, Pfeffer und Essig abge-
schmeckt, dann aufgekocht mit einer Zutat von Rahm,
Madeira, Champignons, Trüffeln, gewiegten
Sardellen, Oliven, zerkleinerten Pfeffergurken,
mit gerösteten Zwiebeln etc. und Liebig
Fleischextrakt oder Sojasoße gewürzt. Man gewinnt so Rahm-, Madeira-, Champignons-, Trüf-
fel-, Sardellen-, Gurken- oder Zwiebelsoße.

Ein Vorgeschmack von Cayennepfeffer gibt Soße dia-
ble Teufelssoße — für den ganzen Kerl besonders geeig-
net, weil er ja selbst auch ein Teufelskerl ist!

XI. Pikante Schnittchen

Zwei flotte Studenten — Curt Müller und Edwin Herbst — waren eben in der „Bude" des Ersteren eingetreten, als die Hauswirtin ein Telegramm brachte.

„Kuckuck noch einmal!", stammelte Curt „Vom Onkel!"

„Aber, Freund", rief Edwin lachend. „Du machst ja ein Gesicht, als hättest Du einen ganzen Holzbirnbaum verschluckt — wenn der Moosonkel kommt, ist das doch keine Hiobspost, sondern so gut, wie ein Wechsel — zahlbar auf Sicht — er kam, sah Dich und Du pumptest!"

„Ach!", seufzte Curt. „Du kennst ihn nicht! Er liebt's, einem so plötzlich abends ins Haus zu fallen, und will dann bewirtet sein! Er legt Gewicht darauf — ich weiß es!

Letztes Mal hatte ich gerade Moneten — im Nu standen ein paar hübsche Gerichte da, die er mir hinterher zwanzigfach wieder bezahlt hat vor Entzücken! Aber das Zeug ist scheußlich teuer und ich bin fast total abgebrannt, obwohl er mir erst letzte Woche hundert Mark gesendet hat! Du weißt ja. ich hatte Schulden —"

Sein Freund kraulte sich hinter den Ohren und überlegte.

„O!", rief er plötzlich. „Noch ist die Festung nicht verloren! Weist Du was: Wir machen die Platte selber —"

„Wir — die Platte selber —" wiederholte Curt, ohne ihn zu verstehen. „Aber wir haben ja nichts —"

„Freund!", sagte Herbst pathetisch. „Du kennst mich noch nicht! Ich sage Dir nur zwei Worte: Pikante Brötchen!"

„Pikante Brötchen?" wiederholte Curt.

Edwin nickte. „Darin bin ich groß, sage ich Dir!", setzte er hinzu. „Ich zaubere Dinge aus dem Boden hervor, dass Du staunen sollst! Nun aber nur mal erst Kassensturz!"

Beide Freunde schütteten ihre Barschaften zusammen, die allerdings mehr aus Kupfer und Messing denn aus größeren Geldstücken bestanden und Vertreter der Papierwährung kaum aufwiesen.

„Reicht vollkommen!", sagte Edwin auf Curts zweifelnden Blick, verschwand in Eile und kam bald mit einer Anzahl Päckchen und einem beträchtlichen Semmelvorrat, auch einigen Flaschen Bier wieder.

„Nun achte wohl, mein Sohn, lerne und staune!", sagte er. Und in der Tat, als der pikante Brötchenberg vor Curt aufgebaut stand, rief dieser jubelnd: „Das sieht ja famos delikat — ums Sechsfache teurer aus — da fällt er mit beiden Kaubacken darauf rein — Bruder, das trägt Wucherzinsen!"

Und trug sie auch! — ,

Hier einige Rezepte, die dazu verhalfen.

1. Feine Leberwurstschnittchen

… am Besten getrüffelte Gansleberwurst, ausgestreift, erwärmt und mit etwas Liebig Fleischextrakt oder Sojasoße, eventuell ein paar Eidottern verrührt, dann auf kleine Butterbrötchen gestrichen.

2. Bratenschnittchen.

Bratenreste jeder Art — auch von Wild und Geflügel — feingewiegt (fein zerkleinert), in Butter gedämpft, mit Liebig Fleischextrakt durchzogen, heiß auf — in Butter geröstete — kleine Weißbrotschnitten (etwa drei Messerrücken dick von einer Kaisersemmel oder einem Tafelbrötchen abgeschnitten) aufgestrichen.

3. Domherrenschnittchen.

Dünne Pumpernickelschnitten, in heiße Butter getaucht und mit — in Salzwasser abgekochtem — enthäutetem Hirn vom Kalb oder Geflügel, mit Maggi-Würze oder Sojasoße durchzogen, bestrichen.

4. Königsbrötchen.

Ganz kleine dünne Schnittchen von frischem Weiß-
oder Schwarzbrot, mit heißem, eben aus den gekochten
Knochen genommenem Rindermark dicht bestrichen
und leicht übersalzen.

5. Käseschnitten (Krusten)

… nach Graf A.: Schweizerkäse gerieben oder stück-
chenweise im Ofen erwärmt, bis er nahezu zergeht, auf
geröstete Weißbrotschnitten dick aufgestrichen und
warm gespeist.

6. Lordbrötchen.

Chester- oder Emmenthaler-Käse erwärmt und mit frischer Butter weich gerührt, dazu etwas französischen
Senf, Eigelb, Maggi-Würze oder Sojasoße und Paprika
gemischt, auf warme, geröstete Brötchen aufgestrichen
und mit geriebenem Käse überstreut.

Beide zuletzt beschriebenen Arten von Käsebrötchen
sollen, wenn die Masse auf die heißen Brötchen gestrichen ist - ein Weilchen **in heißem Ofen gebacken** werden, was ganze Kerle nur, wenn ihnen eine heiße Brat-
röhre zur Verfügung steht, ermöglichen können — eine
Angströhre ist hierzu nicht verwendbar.

7. Kalte Appetithäppchen.

Manchmal nur in Mundbissenform — je abwechs-
lungsreicher-, desto eleganter und pikanter wirkt die Platte — können aus allem verfügbaren Material schnell
hergestellt werden.

Die kleinen Brötchen werden mit frischer Butter bestrichen, dann mit allerlei Braten-, geräucherten Fisch-, Wurst- und Käsearten belegt, dazwischen mit Sardellen- oder brauner Anchovis-, Käse- oder Senfbutter bestrichene, mit harten Eiern, Kaviar, Sardellen oder Schinken belegte Brötchen gereiht. Auch Zunge, Gänsebrust, Westfäler Schinken und italienischer Salat, kurz alles, was man eben zur Verfügung hat, lässt sich vorteilhaft verwenden.

Hübsch übereinander aufgebaut geben diese Potpourris, wenn man ein Glas Sherry oder Portwein dazu reicht, ein sehr beliebtes Frühstücksgericht oder einen willkommenen Imbiss bei kleinen Abendgesellschaften — auch in vorgerückter Stunde zu einem Glas Grog oder Punsch eine erfreuliche Magenstärkung.

8.   Pasteten

… diverser Art Pasteten in Dosen wie …

- ◆ Beefsteak-
- ◆ Hasen-
- ◆ Hühner-
- ◆ Krammetsvögel-
- ◆ Rebhuhn-
- ◆ Gänseleber-
- ◆ Sardellen-
- ◆ Zungenpastete u. a.

… zeichnen sich durch Feinheit des Geschmackes und große Haltbarkeit aus und können ebenfalls kalt auf Brötchen gestrichen werden. Erhältlich in den besseren Delikatessenabteilungen der Supermärkte und Feinkosthandlungen.

XII. Salatvariationen

„He he!", sagte Leutnant von Salm, als er abends in den Klub trat. „Kleiner Schwerenöter dieser Doktor Heinz!

Geriert sich als Weiberfeind strengster Observanz und ist dabei gletscherhaft verliebt — bis über beide Augenbrauen schauderbar!" „Nee?" — „Nicht die Möglichkeit?" — „Aber so was!", rief es durcheinander, während der Doktor von Einem zum Andern sah und mit seinen wasserblauen Augen die reinste Unschuld heuchelte.

„Wie, Sie versteckter Sündenonkel!", sagte der Leutnant gereizt. „Habe ich Sie nicht draußen — äh — bei Dingsda in einer Wiese stehen sehen!"

„Können Sie haben!", entgegnete Heinz lakonisch.

"Haben Sie sich nicht fortwährend gebückt und gerupft wie ein wütender Botaniker?"

„Mag sein!", erwiderte Heinz.

„Ah!", grollten die Anderen. „Und er leugnet noch!"

„Orakelblumen!", rief der Leutnant. „Nichts als Orakelblumen natürlich! „Sie liebt mich! Sie liebt mich nicht. Selber früher als Fähnrich solchen süßen Blödsinn verübt! Aber längst drüber weg — äh, längst! Am Ende gar Veilchen, Nelken und ähnliches Zeug zu Strauß gebunden und Verse dazu gesammelt — he was?"

„Nein!", entgegnete der Doktor und sah im Kreise umher, „Salat!"

„Was? Salat?", riefen alle.

„Gewiss!", fuhr er lachend über die Verblüfften fort. „Als echter ganzer Kerl pflücke ich mir hin und wieder 'mal selbst draußen meinen grünen Salat — was brillant schmeckt!"

Und er hielt den Lauschenden eine kleine Vorlesung, aus der wir Folgendes entnehmen.

1. Frischer grüner Salat

- Kopf-,
- Feld-,

- Lattich-,

- Endivien-,

- Brüsselersalat,

… Kresse, Chicorée etc. wird verlesen — d. h. von allen faulen Blättern etc. befreit — in kaltem Wasser gewaschen, dann auf einem Sieb oder einer Serviette gut abgetropft, hierauf einfach mit Essig, Öl, Salz und etwas weißem Pfeffer, auch feingehackten Zwiebeln angemacht. Der Essig soll niemals vorherrschen und nicht das Öl überwiegend angewendet werden.

Als ein Gericht für sich, garniert man grüne Salatarten mit hartgekochten Eiern, nicht Sündern.

Gerne werden vorstehende Salate mit …

2. Kartoffelsalat

… gemischt. Dieser wird aus frisch abgekochten und geschälten, in feine Scheibchen geschnittenen Kartoffeln bereitet, mit guter, etwas fetter Fleischbrühe angefeuchtet, dann mit den vorhin angegebenen Salatingredienzien, nämlich Öl, Essig, Salz, Pfeffer und Zwiebeln gemischt.

Schon Friedrich von Schiller, dem Dichterfürsten,
Schmeckte Kartoffelsalat mit Würsten,
Weshalb ein jedes deutsche Gemüt
Für Kartoffelsalat noch glüht!

3. Heringssalat.

Hierzu werden die noch warmen Kartoffel in kleine Würfel geschnitten, wie vorstehender Kartoffelsalat angemacht und dann mit dem gleichfalls würfelig geschnittenen Fleisch eines sauber entgräteten Herings gemengt.

4. Spargelsalat.

Frisch gestochener Spargel wird erst reingeputzt — d. h. seine Stängel durch leichtes Schaben von oben nach unten von allem Holzigen befreit — dann in kaltem Wasser gewaschen, in Büschelchen gebunden und circa 10 Minuten in leicht gesalzenem Wasser abgekocht.

Man gebe Acht, dass die Köpfchen nicht durch zu starkes Kochen oder unvorsichtiges Aufnehmen leiden. Denn ein kopfloser Mensch kann's noch zu was bringen — ein Spargel ohne Kopf ist aber dahin.

Die Spargel werden dann so auf eine Platte oder einen Teller gelegt, dass die Stängel gleichmäßig etwas über den Rand ragen, hierauf begießt man den Salat mit Öl und Essig, dem man klein gehackte Kapern und Zwiebel beigemischt hat.

5. Hopfensalat.

Die zarten Sprossen[9] werden wie Spargel gereinigt, einige Minuten in leicht gesalzenem Wasser gekocht, kalt abgeschwenkt und abgeseiht und dann mit den üblichen Salatzutaten angemacht.

6. Bohnensalat.

Frische grüne oder Wachs-Bohnen werden erst von den Fäden befreit, dann länglich geschnitten, in leicht gesalzenem Wasser 6 — 8 Minuten gekocht, dann abgeseiht kalt abgeschwenkt, und wie die anderen Salate zubereitet.

---

9   Siehe auch Fußnote S. 93

7. Salat von Kernbohnen.

Hierzu koche man die Bohnen so weich, dass sie aufquellen und springen, überspüle sie dann mit kaltem Wasser und mache sie wie die übrigen Salate an.

8. Frischer Gurkensalat.

Die Gurken werden geschält, in feinen Scheiben aufgeblättert, gesalzen und sofort, ohne sie erst Wasser ziehen zu lassen und ohne sie auszudrücken, mit Essig und vorwiegend Öl angemacht. Obenan streue man etwas weißen oder Cayennepfeffer.

Auf französische Art wird zu frischem Gurkensalat saurer Rahm verwendet.

Längere Zeit eingesalzener, ausgedrückter Gurkensalat ist schwer verdaulich.

9. Salat von Salzgurken.

Diese werden geschält, in feinen Scheiben aufgeblättert, nicht gesalzen, aber gepfeffert und mit Öl und Essig, in dem man etwas Senf und einen harten Eidotter verrührt hat, gemischt.

10. Kürbissalat.

Die noch unreifen Früchte werden geschält, entfernt und wie Gurkensalat angemacht.

11. Radieschensalat.

Die Radieschen werden gewaschen, dann in feinen Scheiben aufgeblättert und mit den gewöhnlichen Salatzutaten begossen.

12. Geriebener Rettichsalat.

Der Rettich wird geschält, auf dem Reibeisen gerieben, leicht gesalzen und nach einigen Minuten ausgedrückt, was am Appetitlichsten durch eine reine Stoffserviette geschieht. Sodann macht man den Salat mit Essig und Öl saftig an und überpfeffert ihn.

13. Tomatensalat.

Die Paradiesäpfel werden in Scheibchen aufgeschnitten, dann mit Öl, Essig und vorwiegend Paprika angemacht. Wer will, kann sie persönlich im Paradies pflücken.

14. Meerrettichsalat.

Der Meerrettich wird unmittelbar vor dem Gebrauch gerieben, dann mit Essig, Öl und einer Prise gestoßenem Zucker gemengt.

15. Sellerie und rote Rüben

… werden erst weich gekocht, dann in ihrer Brühe belassen, bis sie erkaltet sind, hierauf geschält und in Scheiben geschnitten.

Sellerie wird sodann mit Essig, Öl, Salz und Pfeffer, die roten Rüben mit Essig, Zucker, etwas Kümmel und — womöglich, auch — einer kleinen Zugabe von ganz fein gewürfeltem Meerrettich angemacht.

16. Rindfleischsalat.

Erkaltete Reste von Ochsen- oder Kalbfleisch schneide man fein auf, bestreue sie mit Salz, Pfeffer und Zwiebelscheibchen und begieße sie mit Essig und Öl.

17. Fischsalat.

Unberührte Überbleibsel aller Fischsorten sind wie Rindfleischsalat anzumachen und können als selbstständige Schüssel auch vor oder nach der Suppe — bei einem schnell improvisierten Diner in Ermangelung eines frischen Fischganges gegeben werden.

18. Hummersalat.

Schön gehäufte Stückchen Büchsenhummer beträufle man mit einer Mischung von Öl, Essig, Salz, Pfeffer und Senf und garniere rings herum frisch angemachten grünen Salat oder harte Eier.

19. Muschelsalat.

Seemuscheln — wie unter VIII. (S. 66) beschrieben, abgekocht — werden nach Entfernung der Schalen ganz wie Hummersalat zubereitet.

20. Schneckensalat.

Die Schnecken werden in Salzwasser solange gekocht, bis die Deckel sich leicht eindrücken lassen. Nun werden die Schnecken mit einer Gabel aus dem Häuschen genommen, mehrmals in kaltem Wasser gewaschen, das Schwarze rein abgeschnitten und der Salat wie die beiden vorhergehenden Arten behandelt.[10]

21. Italienischer Salat.

Etwa ein halbes Pfund kaltes Fleisch, Braten oder Schinken, oder beides schneide man nebst einem entgräteten Hering, einem säuerlichen Apfel und fünf bis

---

10 Über Muschel- wie Schneckensalat gieße man vor dem Präsentieren ein Teelöffelchen Maggi-Würze oder Sojasoße. Der Hrsg.

sechs abgekochten Kartoffeln in gleichmäßige feine Würfel, staube eine Messerspitze Paprika darüber und mische das Ganze mit einer feinen Mayonnaise oder mit Essig, Öl, Senf und mit dem damit verrührten Herings-milchner. Der Salat wird, hübsch gehäuft, angerichtet und mit harten Eiern und Mixed Pickles garniert.

22. Mikado-Salat.

(Hochfein.)

Schinken, Zunge und rohe Rindfleischwurst schneide man mit zusammen dem gleichen Teil Büchsen-Champignons und vorbereiteten Sardellen in feine längliche Streifchen, durchziehe das Ganze mit einer feinen Remouladensoße, deren Beschreibung sich oben im Abschnitt für Saucen findet, richte es auf einer Salatschüssel erhaben an und garniere rings herum geöffnete Austern abwechselnd mit Krebsschweifchen.

Salz und Pfeffer gehören nicht zum Mikado-Salat, da sämtliche Zutaten an und für sich damit versehen sind. Eine kleine Zugabe von echtem Cayennepfeffer und Maggi-Würze oder Sojasoße ist indessen vorteilhaft und erhöht den pikanten Geschmack.

* * *

XIII.   Katersalate

Um den Kater ist es ein eigen' Ding.
Seltsam der Ort schon, wo man ihn fing.
Nicht etwa auf Dächern, auf Bäumen und
Wiesen,
O, nein — dort, wo feine Weine fließen,
Wo des Bieres schäumende Quelle rauscht
Und der Mensch beim Pfeiflein Gedanken
tauscht.
So edel von Herkunft dies Getier,
Benimmt es sich aber gewöhnlich schier,
Tritt meist nicht sanft unter zartem Miauen
Und schnurrend heran mit versteckten
Klauen,
Krallt sich Dir vielmehr im Kopfe ein
Und pfaucht Dir Jammer zum Magen hinein,
Quält Dich und peinigt Dich kannibalisch
Sowohl körperlich als sehr häufig moralisch.
Bei solcher Eigenart braucht es kein Fragen
Dass dieses Tierlein auch seltsam zu jagen,
Niemals mit Pulver und Blei und Dackeln,
Auch nicht mit Treiben und mit Spektakeln,
Vielmehr im stillen Kämmerlein
Mit allerhand Mitteln pikant und fein,
Denen es bald erliegen muss
Zu des ganzen Kerls Hochgenuss,
Der dann froh mit gestärkter Kraft
Sich rasch — einen neuen Kater schafft!

* * *

1. Heringspfeffer

(in besonders ernsten Fällen)

Man verschaffe sich einen Salzhering, klopfe ihn leicht auf beiden Seiten mit der Messerfläche, enthäute ihn und löse ihm das Rückgrat aus, schneide nun das Fleisch nebst Rogner oder Milchner in kleine Stücke, bedecke diese reichlich mit Zwiebelscheiben, begieße das mit Öl und Essig und bestäube es mit weißem Pfeffer, der den Magen erwärmt, was bei solchen Zuständen sehr günstig wirkt.

2. Knackwurstsalat

Einer Regensburger-, Schützen- oder Knackwurst ziehe man die Haut ab, schneide die Wurst in feinen Scheibchen auf, bedecke sie mit Zwiebeln, Essig und Öl, gieße die Marinade wiederholt ab und wieder auf und menge dieselbe vorher mit einer Messerspitze Salz und Pfeffer.

3. Zwiebeleier

Drei hartgekochte Eier werden geschält, geviertelt und leicht mit Salz und Pfeffer bestreut. Dann mische man in einer Tasse etwas Öl, Essig, zwei kleingehackte Sardellen und ebenso viele Zwiebeln, gleichfalls klein gehackt, mit einem Löffelchen voll französischem Senf und gieße dies mehrmals über die Eier.

4. Ochsenmaulsalat

Vorbereitetes Ochsenmaul — am Besten in Original-fässchen direkt von Nürnberg bezogen — mische man mit Essig, Öl, Salz und Pfeffer sowie dünnen Scheibchen von Salz- oder Essig-Gurken.

5. Geflügelsalat pikant

Kalt gewordenes gebratenes Geflügel — respektive Reste von solchem — schneide man, wenn die Knochen ausgelöst, in schöne Stückchen, streue klein gehackte Zwiebeln, Kapern und Sardellen darüber, mische in einer Tasse Öl, Essig, Salz und Pfeffer mit etwas Senf und einem harten Eidotter und gieße dies darüber.

6. Kalbshummer.

Abgekochtes und wieder erkaltetes Kalbshirn zerlege man in kleine Teilchen, platziere dazwischen Krebsschweifchen (oder Büchsenhummer) nebst Spargelspitzen, menge in einer Tasse Essig, Öl, Salz, Pfeffer und frischen fein geschnittenen Schnittlauch mit zwei Teelöffeln voll Maggi-Würze oder Sojasoße, gieße diese Mischung darüber und umlege das Ganze mit hartgekochten Eiern.

> *Wer nie in seiner stillen Kammer*
> *Geächzt hat mit einem Katzenjammer,*
> *Kennt nicht die Wonne, die dem lacht,*
> *Der ihn hat glücklich losgebracht!*

* * *

XIV. Eierspeisen.

Das Ei ist eine der weisesten Einrichtungen der Schöpfung — besonders für den ganzen Kerl. Er hat da eine köstliche schnell bereitete Nahrung ungefälscht in der von Mutter Natur mitgegebenen Originalverpackung vor sich und braucht lediglich beim Einkaufen darauf zu achten, dass er womöglich frische Eier bekommt, weil er beim Genießen von Kalkeiern hin und wieder missbilligend „Ei! Ei!" sagen würde.

1. Weiche Eier.

Behutsam in leicht kochendes Wasser gelegt und darin 2 Minuten gekocht, präsentiert sich das Ei als weiches.

2. Halbweiche Eier

… kocht man 4 Minuten lang, kernweiche 7, harte 8, Kiebitzeier 6—7 Minuten lang.

3. Hartgekochte Eier

… lege man aus dem kochenden ein paar Minuten in kaltes Wasser; sie schälen sich dann leichter. Zu harten Eiern reicht man frische Tafel- oder Sardellen-Butter.

4. Russische Eier.

Hartgekochte Eier werden geschält und halbiert, dann jede Hälfte mit entgräteten, schön zugeschnittenen Sardellen belegt oder es wird der Dotter herausgenommen und an seine Stelle Kaviar eingefüllt. In diesem Falle wird das Gelbe mit einem Stückchen frischer Butter, einem Löffel französischem Senf und etwas geriebenem Käse sowie einigen Tropfen Maggi-Würze oder Sojasoße verrührt, auf Semmelschnitten gestrichen und diese um die Eier gelegt.[11]

5. Sooleier.

Hart gekochten Eiern wird durch sachtes Hin- und Herrollen die Schale eingedrückt; dann werden sie, solange sie noch warm sind, in kaltes Salzwasser gelegt. An einem kühlen Orte aufbewahrt, halten sie sich lange gut und hat man an ihnen unter Zugabe von frischer oder gewürzter Butter schnell ein kräftiges Frühstück oder Vesperbrot für Nachmittag zur Hand.

6. Setz- oder Spiegeleier.

Hat man nicht eine mit Vertiefungen versehene Spiegeleierpfanne, so schlägt man die Eier nebeneinander im gewöhnlichen Pfännchen in heiße Butter und sollen hierbei die Dotter möglichst ganz bleiben. Leicht mit Salz und weißem Pfeffer bestreut, lasse man sie nur so lange braten, bis das Eiweiß erstarrt, d. h. nicht mehr durchsichtig ist, während der Dotter noch weich bleiben soll.

Auf vorher in Butter angebratene Schinken- oder geräucherte Speckschnitten gelegt, sind diese Eier ein vollständiges Frühstücks- oder Abendgericht. Ebenso, wenn man sie mit geriebenem Schweizerkäse oder frischem Schnittlauch bestreut.

Hierzu ein Rezept von …

---

11 Dieser feine und zugleich kräftige und ansehnliche Imbiss hat dem Assessor H. in X. kürzlich zu einer reichen Schwiegermutter verholfen was hoffentlich von Zubereitung dieser Speise keinen ganzen Kerl — abhält. Der Hrsg.

7. künstlichem Schnittlauch

… den man sich hiernach jederzeit, auch im Winter leicht herstellen kann: Ein schönes Lauchblatt (Porree) wird erst sehr fein länglich, dann ebenso fein quer geschnitten und mit ein paar Körnchen Salz bestreut.

8. Eier in schwarzer Butter.

Ein Stückchen frischer Butter in der Größe einer Walnuss wird bis zum Rauchen dunkel gebrannt; dann schlägt man darin vorsichtig drei Spiegeleier nebeneinander ein, salzt und pfeffert sie, brät sie weich und lässt sie auf den für sie bestimmten erwärmten Teller übergleiten. Nun wird nochmals ein Stückchen Butter in der Größe des vorigen rauchend heißgemacht, mit drei Esslöffeln guten Essigs angegossen, rasch aufgekocht und über die Eier gegossen.

9. Saure Eier.

Drei bis vier nach Vorschrift angefertigte Spiegeleier werden auf erwärmtem Teller angerichtet; der Rückstand in der Pfanne wird — eventuell mit einem Teelöffel voll Mehl — angebräunt, mit einer kleinen Tasse Sekundenbouillon abgerührt, darin ein Teelöffel guter Senf, zwei bis drei Esslöffel Weinessig, eine Messerspitze Salz und Pfeffer aufgekocht, mit Liebig Fleischextrakt gekräftigt und die leicht gebundene Soße über die Eier gegossen.

10. Rühreier.

Drei bis vier frische Eier werden in einer Tasse mit drei bis vier Esslöffeln süßem Rahm (der im Notfall auch wegbleiben kann) nebst einer Messerspitze Salz und halb so viel weißem Pfeffer gut abgeschlagen.

Darein gibt man klein gebröckelt frische Butter in der Größe eines Hühnereies, rührt diese Masse im Pfännchen auf dem Feuer-, bis sie sich cremeartig, leicht und locker gestaltet hat, und gibt sie auf erwärmtem Plättchen zur Tafel.

Den abgeschlagenen (verrührten) Eiern etwa ein Fünftelpfund (100 gr.) feingewiegten (fein zerkleinerten) Schinken — ein andermal zwei Esslöffel geriebenen Parmesan oder Schweizerkäse — zugesetzt und darin verrührt, dann gleich Vorigem gebraten, macht diese in wenigen Minuten hergestellte Schüssel abwechslungsreicher und nahrhafter.

Ebenso wird hierzu das entgrätete und in nette kleine Stückchen geschnittene Fleisch eines Bücklings, auch geräucherter Lachs und mit Vorliebe geschnittene Champignons verwendet.

11. Omelette.

Drei bis vier frische Eier, ein bis zwei Esslöffel süße Milch werden mit einer Prise Salz zerklopft, in der inzwischen im Pfännchen zergangenen Butter nicht verrührt, sondern leicht erst auf der einen, dann auf der anderen Seite zu einem Kuchen halb ausgebacken, nunmehr hübsch zusammengerollt und verspeist. Wenn die Masse sich anlegen will, schiebe man ein Stückchen Butter unter.

12. Omelette mit Kräutern — aux fines herbes.

Den wie vorhin zerklopften und leicht gesalzenen Eiern werden etwa zwei Teelöffel voll fein geschnittene Kräuter, Petersilie, Schnittlauch, auch Kerbel, beigemischt und dann die Omelette wie vorhin gebacken und gerollt.

Geschnittene Champignons — etwa zwei Esslöffel voll — kann man 2—3 Minuten in einem Stückchen Butter dämpfen, mit einem Teelöffel voll Maggi-Würze oder Sojasoße und einigen Tropfen Zitronensaft im Geschmack heben, dann auf die fertig gebackene Omeletteseite bringen, während die untere Seite noch leicht ausbäckt, und nunmehr mit dem Inhalt leicht zusammenrollen und auf erwärmter Platte präsentieren — ein äußerst schmackhaftes und feines Gericht. Nieren — nach bereits früher geschildertem Rezept schmackhaft zubereitet — können ebenso wie erst in Salzwasser abgekochte Spargelspitzen oder junge Hopfensprossen[12], nach dem Abkochen mit etwas Suppenwürze untermengt, in die Omelettes gefüllt werden.

Mit den abgeklopften Eiern ein vorher abgekochtes, mit Zwiebeln, Petersilie und Schnittlauch gehacktes halbes Kalbshirn gemischt und als Omelette gebacken ist ein von Feinschmeckern gern verlangtes Gericht.

Äußerst delikat schmeckt auch eine Einlage von Krebsschwänzchen.

13. Pfannkuchen

… unterscheidet sich von der Omelette dadurch, dass er unter Zugabe von Mehl etwas kompakter gebacken wird als diese.

Man rechnet auf ein Ei einen Esslöffel Mehl und drei bis vier Esslöffel süße Milch − zwei bis drei Eier geben mit den verhältnismäßigen beiden anderen Zutaten schon einen stattlichen Kuchen.

Zuerst wird das Mehl — ein Löffel voll nach dem anderen — mit der Milch zu einem dicken glatten Teig gerührt und erst darauf werden die Eier eingeschlagen und

---

12 Bezugsquelle während der Erntezeit Mitte März bis Anfang April für 2 − 3 Wochen z.B. http://www.hopfensprossen.de/

durch Rühren gut damit verbunden, jedoch nicht länger als eben nötig, sodass keine Mehlklümpchen sich bilden; dann wird der Teig in reichlicher heißer Butter, wie die Omelette, in flacher Pfanne gebacken. Nach einigen Minuten, wenn er schön goldig gefärbt ist, wird er gewendet und auf der anderen Seite fertig gebacken.

Zu irgendwelchem Salat, zu Spargeln, Hopfen oder grünen Erbsen sowie Steinpilzen, zu Leber und Nieren etc. sind Pfannkuchen ein empfehlenswertes Gericht.

Überzuckert oder mit einer Fülle von frischen überzuckerten Erd-, Johannis- oder Himbeeren etc. — Marmeladen und Konfitüren finden sich ja seltener in einer Küche eines ganzen Kerls — können die dann gerollten Pfannkuchen als süße Speise zum Abschluss eines Diners — wenn Mama, Schwester, Erbtante oder gar Braut einmal bewirtet werden soll — dienen.

Größere Anstrengungen zu einer süßen Speise sind dem ganzen Kerl nicht zuzumuten; er wende sich bei Bedarf an einen Konditor, der ja auch leben will, und versehe außerdem seine Vorratskammer mit den kleinen englischen Biskuits, die in ihrer Blechbüchse immer gleich gut und hübsch bleiben, so alt sie auch werden — ein beneidenswerter Vorzug, den sie da vor den Menschen haben.

Orangen, Krachmandeln, Malagatrauben, Datteln, kandierte Früchte tun übrigens in Ermangelung frischen Obstes ebenfalls gute Dienste als **Dessert**, wenn dieses nicht einfach in einem Stückchen Käse — Camembert, Brie, Roquefort, Chester und was eine Delikatessenabteilung des Supermarkts sonst führt — bestehen soll.

Ein beliebtes **Dessert** zur Zeit der Erd-, Johannis und Himbeeren geben diese Früchte mit gestoßenem Zucker und Schlagrahm gemengt, oder statt letzterem Weißwein oder Sekt — je feiner die Marke, desto vorzüglicher das Aroma.

Was übrigens Pfannkuchen betrifft, so kann man, statt die ganze Teigmasse von zwei oder drei Eiern auf einmal in die Pfanne zu gießen und zu einem Kuchen zu backen, eine beliebte Suppeneinlage — sogenannte Flädchen — daraus gestalten, indem man die erwärmte Pfanne eventuell nur mit einem Stückchen Speck anfettet, beziehungsweise leicht bestreicht, den Teig in kleinen Mengen in die Pfanne gießt und dort äußerst dünn auseinander fließen lässt. Schnell gewendet und auf beiden Seiten schön goldbraun ausgebacken, werden die Flädchen dann geschickt aufgerollt und in feine Streifen geschnitten, mit kochender Bouillon begossen und so als sehr beliebte Suppe aufgetischt.

Aus der gleichen Teigmasse wird außerdem der …

14. „Schmarren"

… bereitet. In diesem Falle wird gleich nach dem Eingießen in die Pfanne mit dem Zerstoßen der sich zusammenformenden Masse mittels eines Schäufelchens oder scharfkantigen Blechlöffels begonnen und dies so lange fortgesetzt, bis der Teig in ganz kleinen, lockeren, auseinanderfallenden Bissen ausgebacken ist. Der Schmarren soll leicht angebrannt und etwas krustig sein. Gehäuft auf einer erwärmten Schüssel angerichtet, gibt er mit einem guten Salat oder Kompott ein selbstständiges Gericht.

In Norddeutschland wird dieses Gericht „gestoßener Pfannkuchen", in Schwaben „Eierhaber" genannt und zum Unterschied vom Schmarren erst der fertige Pfannkuchen etwas zerkleinert, überzuckert und zu gekochtem Obst gegeben.

Weitere leicht herzustellende Gerichte sind …

KÜCHE UND KOCHKUNST. Pompejanische Küche Zeit um Chr. Geb.

LIEBIG'S FLEISCH-EXTRACT.

Nachdruck verboten. Erklärung siehe Rückseite.

LIEBIG FLEISCH - EXTRAKT.

Zur Geschichte der Kochkunst – 1.
Die Skythen beim Kochen und Braten.

Nachdruck verboten. Erklärung siehe Rückseite.

XV. Einige Spezialitäten

1. Italienische Makkaroni.

Man bricht dieselben in etwa halbfingerlange Stücke und streut sie dann in wallend kochendes Salzwasser, zu welchem man auf den Liter Wasser etwa zwei Kaffeelöffelchen Salz nimmt. Nachdem sie 20 Minuten gekocht, werden die Makkaroni auf ein Sieb zum Abtropfen gebracht oder, wenn ein solches nicht zu haben, einfach abgegossen und mit frischem Wasser überspült Darin halten sie sich leicht übersalzen ein paar Tage und können inzwischen verschiedenartig verwendet werden.

Als Beilage zu Beefsteaks, Koteletts etc. benützt man sie, indem man sie aus dem Wasser nimmt, gut abtropfen lässt und mit einem Stückchen Butter in dem Pfännchen auf dem Feuer so lange durcheinander schwenkt, bis sie durch und durch heiß sind. Dann werden sie leicht gepfeffert, mit der Soße des betreffenden Fleischstückes begossen und neben diesem hübsch gehäuft angerichtet.

Als selbstständiges Gericht werden sie nach vorstehendem Verfahren mit klein gehacktem Schinken, ein andermal mit geriebenem Käse (Parmesan oder Schweizer) gemengt — eventuell mit beiden Zutaten zugleich.

* * *

„Warum bist' denn heut' gar so fidel?", sagt der alte Austrägler zum Flößerwastl, der bei ihm vorm Häusl sitzt und einen Unsinn nach dem andern treibt, bald in die Luft springt und „juchzt", bald ein Rad schlägt, dann wieder einen Solo-Schuhplattler aufführt, dass die Erde dröhnt.

Der „Bua" antwortet nichts, lacht aber verschmitzt und dreht seinen Schnurrbart auf. „I woaß scho'," sagt da der Alte pfiffig „'s Dirndl d' Loni vom Kreuzbauern, der Du scho' lang alleweil d' Kur schneid'st, die hat dir ihre Lieb' g'standen!"

„G'standen net!", lacht der Wastl. „Dazu is d' Loni viel z'stolz; aber verraten hat s' mir's do', dass s' mi' gern hat — unzweifelhaft!"

„Hat s' Dir eppa a paar Nagerln g'schenkt?", fragt der Alte neugierig.

„Na, na!", sagt der „Bua".

„Oder hat s' Dir erlaubt, dass d' zum Fensterln kemma derfst?"

„Na, na!"

„Oder hat s' Di' zum Tanz aufg'fordert am Sunnta?"

„Na, na!"

„Hat s' leicht gar begehrt, Du sollst ihr an Buschen Edelweiß abihol'n z'höchst vom Gamskogel?"

„Na, na!"

„Na' woaß i nimmer, durch was s' Dir ihr' Liab' so deutli' kunnt verraten hab'n!" meint der Alte erstaunt.

„Woaßt'," lacht der Bua, „i will Dir's sagen! Nachher wirst' mir Recht geb'n, dass koa Zweifel mehr d'ran is: A Mordsschüssel Knödel hat s' für mi' kocht — verstehst'?"

„Ah!", ruft der Alte — fast neidisch — „Dös is was Anders! Na' hat s' Di' freili gern!"

2. Schwammerln (Steinpilze) mit Knödel

*(Münchener Bravourplatte —
Originalrezept.)*

Wer je Münchner Leben und Treiben in der Stadt und „auf 'm Keller" und dabei auch Münchner Speisekarten studiert hat, ist sicher schon auf obiges Gericht gestoßen und hat davon gekostet — wenn nicht, versäume er es nicht!

Zur „Schwammerlzeit" — nach einigem ergiebigen Regen oder nach den ersten Herbstnebeln zieht der Münchner mit Kind und Kegel stundenweit aus der Stadt hinaus in den Wald, wo er freien Auges oder mit allerhand Spekuliergläsern nach Schwammerln (Steinpilzen) sucht, und zwar das mit einer Aufopferung sondergleichen. Es ist gar ein mühsames Geschäft; denn zumeist haben schon die gewerbsmäßigen „Schwammerlweiber" Alles abgebrockt, ehe die „Stadtleute'" aufgestanden sind.

Findet man aber wenigstens einen Hut oder ein Körbchen voll zu einer Mahlzeit, so pilgert man außerordentlich stolz nach Hause. Im gegenteiligen Fall ärgert sich der Münchner natürlich wütend über den mit Unkosten verbundenen Misserfolg, kauft am nächsten Morgen in aller Frühe sämtliche Schwammerlweiber auf dem Markt aus und lädt sich für Mittag ein paar Freunde zu den „Errungenschaften des gestrigen Ausfluges" — Schwammerlsucher verstehen sich eben auch auf ihr Jägerlatein!

Um was man so viel Mühe riskiert, muss wohl gut sein, und die Münchner haben sonst gerade keinen schlechten „Gusto".

Hat man also glücklich "Schwammerln" bekommen — wobei Einen, wenn man's nicht selbst versteht, der Rat eines bewährten Kenners vor ungenießbaren und giftigen schützt, so schabt und schält man dieselben ganz leicht am Köpfchen, unter demselben und am Stiel. Die kleinen jungen, mit hübschen braunen Mützchen sind den „bemoosten Häuptern", an denen vielfach schon der Wurm genagt, vorzuziehen.

Wenn so gereinigt, werden die Pilze in feine Schnittchen aufgeschnitten, ein paar Mal rasch in reichlichem, frischem Wasser durchgeschwenkt, wodurch alles Unreine an ihnen sich zu Boden setzt, dann sorgsam auf einen Seiher geschüttet und auf diesem — oder in Ermanglung dessen zwischen zwei schräg gehaltenen Tellern — abtropfen lassen.

Nunmehr wird ein Stückchen frische Butter — in der Größe eines Eies auf einen Dessertteller voll Pilze — zerlassen und die Schwämme mit einer ganzen Zwiebel darin auf gelindem Feuer unter fleißigem Schütteln — nicht Rühren, damit sie nicht Schaden leiden — ungefähr 8—10 Minuten zugedeckt gedämpft mit zwei Messerspitzen Salz und halb so viel weißem Pfeffer, sowie dem Saft einer halben Zitrone.

Hat man etwas sauren Rahm zur Hand, so binde man mit einem guten Esslöffel voll solchem die inzwischen gezogene Brühe, gebe nun reichlich fein geschnittene frische Petersilie dazu, koche das Ganze noch 2—3 Minuten durch und würze es vor dem Anrichten mit etwa zwei Teelöffeln Maggi-Würze oder Sojasoße.

Die Zwiebel wird vorher entfernt; sollte dieselbe während des Kochens ihre ursprüngliche Farbe verloren haben und blau oder schwarz geworden sein, so ist unter dem Gekochten unfehlbar eine ungesunde oder gar giftige Pilzart vertreten und darf deshalb nicht das Geringste davon genossen werden.

Steinpilze, Champignons und Pfifferlinge sind so leicht erkennbar, dass bezüglich ihrer selten die Gefahr der Verwechslung zu besorgen ist. Hinsichtlich aller Übrigen aber empfiehlt sich bei Kauf und Selbstsuchen große Vorsicht und ist aufmerksames Durchblättern von „Lenz — nützliche, schädliche und verdächtige Schwämme" eventuell sehr zu empfehlen.

Morcheln, Pfifferlinge und Champignons werden als selbstständiges Gericht gleich den Steinpilzen zubereitet. Man statte sie allenfalls mit ein paar darauf gegebenen Spiegeleiern aus.

Die beliebte Zugabe zu den berühmten „Schwammerln" sind die nicht minder berühmten Knödel, die man einfach und gut, wie folgt, zubereitet:

Drei Semmeln vom Tage vorher werden in feinen Scheiben aufgeblättert, mit etwa einer Tasse lauer Milch oder heißer fetter Bouillon — eventuell auch etwas mehr, dass die Semmeln gut aufquellen — angefeuchtet, eine Prise Salz, zwei frische Eier und etwas gehackte Petersilie damit gemengt, der Teig eine Viertelstunde ruhen lassen und sodann mit nicht mehr als einem Esslöffel Mehl gemischt.

Hiervon werden schöne runde Knödel in der mit lauem Wasser überspülten Handfläche geformt und je nach ihrer Größe 15—20 Minuten in leicht gesalzenem Wasser oder in Bouillon gekocht. Sie müssen in wallende Brühe eingelegt und unter beständigem leichtem Kochen vollendet werden.

* * *

Anmerkung: Getrocknete Pilze werden über Nacht eingeweicht dann in einer dunklen leichtgebundenen Soße aus in Butter gebranntem Mehl und Sekundenbouillon, mit Essig, Salz und Pfeffer gewürzt, eine halbe Stunde aufgekocht und mit Maggi-Würze oder Sojasoße gekräftigt.

3. Die ursprünglichen Militär-Leberknödel.

(Originalrezept.)

Diese Spezialität der bayerischen Küche erfreut sich nicht allein in der Kaserne der allgemeinen Zuneigung und wird daher von schmachtenden Köchinnen als bewährtestes Bombardiergeschoss auf harte Kriegerherzen verwendet — auch bei Künstlerfesten und auf der „Theresienwiese" hat dieses Gericht schon Triumphe gefeiert, sodass dessen Ruhm in alle Lande getragen wurde. Es darf daher in der Küche eines ganzen Kerls nicht fehlen.

Die Semmeln — etwa wieder drei Stück wie beim vorigen Gericht — werden in feinen Scheiben aufgeblättert. Im Verhältnis hierzu wird ein Viertelpfund Rindsleber enthäutet, ausgeschabt, dann mit einem Stückchen Ochsenmark (aus Markknochen herausgeholt), einer halben Zwiebel, etwas Petersilie und Zitronenschale sowie einer Knoblauchzehe fein gewiegt (fein zerkleinert). Die Masse wird nun vom Wiegbrett in ein Töpfchen gestrichen, mit einer kleinen Tasse Milch und zwei Eiern verquirlt und mit einer Messerspitze gepulvertem Majoran einer Prise weißen Pfeffers und etwa einem Kaffeelöffel Salz vermengt, dann alles zusammen über das Brot gegossen, mit diesem gut vermischt und eine Viertelstunde ziehen lassen.

Nach dieser Zeit wird die Masse sich ohne Zutat von Mehl hübsch glatt und rund zu Knödeln formen lassen, welche man in kochende Bouillon oder leicht gesalzenes siedendes Wasser legt, worauf sie nach 15—20 Minuten Kochzeit mit Fleischbrühe oder Sauerkraut vertilgt werden.[13]

4. Schwäbische Spätzle geschmälzt oder geröstet

(Originalrezept.)

Ein Pfund Mehl wird in einer Schüssel mit etwas Wasser, zwei Eiern und einer Prise Salz zu einem glatten Teig geschlagen und dieser durch einen Seiher in kochendes leicht gesalzenes Wasser durch − oder von einem Spatzenbrettchen mit dem Messer abgestrichen.

---

13 Ungeübte wollen immer erst ein Probeklöschen einlegen, um sich von Güte und Haltbarkeit des Materials zu überzeugen; im Falle dieses zerfällt oder fransig aussieht, setze man etwas Mehl zu, andernfalls, wenn das Probeklöschen sich nicht leicht mit einem Löffel auseinander teilen läßt, somit zu fest und nicht flaumig ist, etwas Milch. Der Hrsg.

Einmal aufgekocht, werden die Spätzle sodann mit dem Schaumlöffel rausgenommen und mit Butter und darin geröstetem Brot geschmälzt oder — wenn zum Rösten bestimmt, mit kaltem Wasser abgeflößt und in heißer Butter mit ein paar daran geschlagenen Eiern geröstet.

5. Gutes Kartoffelpüree

Rohe Kartoffel schäle und wasche man, schneide sie vierteilig und koche sie in leicht gesalzenem Wasser, bis sie sich weich anfühlen. Nunmehr gieße man das Wasser ab, zerdrücke die Kartoffel zu Brei, gieße gute Bouillon zu und gebe ein Stückchen Butter und etwas Muskatnuss bei. So lasse man es einmal aufwallen.

Nächtliche Party in vergangenen Zeiten.

XVI.   Warme Partygetränke

Notwendig ist es unbedingt,
Dass man zuweilen etwas trinkt,
Und Keiner kann's mit Ernst bestreiten:
Es gibt famose Flüssigkeiten.
Nicht just das Wasser ist gemeint,
Wenn schon es äußerst nutzbar scheint;
Vielmeer zunächst der Alkohol,
Der schädlich zwar im Unmaß wohl,
Indes mit Maß und mit Bedacht
Geschlürft die Welt noch schöner macht.
Wenn Kälte Herz durchbebt und Bein,
Kann Grog und Glühwein Retter sein,
Und alle Zeiten kommt nach Wunsch
Ein Glas und mehr vom holden Punsch
Es liegt in diesem Zauberwort
So was von einem Glücksakkord,
Sei's nun, dass man ihn heiß genießt,
Sei's, dass er kalt die Kehl' durchfließt.
Unzweifelbar ist auch der Sekt
Ein Ding, das man mit Wonne leckt,
Das uns erhebt mit Allgewalt,
Besonders, wenn ein Anderer — zahlt!
Selbst Schnäpse sind nicht ganz verächtlich;
Man trinkt sie sogar sehr beträchtlich.
Die Königin der Alkohole
Ist aber stets und bleibt die Bowle
Die Liebenden entzückt das Herz,
Getäuschte heilt von ihrem Schmerz
Und Solchen, die niemals geliebt,
Ersatz dafür nach Kräften gibt.
D'rum — seid Ihr Menschen von Gefühl,

Trinkt manchmal warm und manchmal kühl!
Wer niemals einen Kelch gestürzt,
Der weiß nicht, was das Leben würzt!

* * *

Bei heißen Getränken ist zu beachten, dass man — ehe man sie in Gläser oder in eine Bowle gießt — in Erstere einen Teelöffel, in Letztere einen Bowlenlöffel legt, um das zerspringen derselben zu verhüten.

1. Grog.

Zwei Teile kochendes Wasser, ein Teil feiner Cognac, Arrak oder Rum oder deren Essenz; auf ein gewöhnliches Grog-Glas vier Stück Zucker. Verwendet man Grogessenz so ist der Zucker bereits in dieser enthalten.[14]

2. Glühwein.

Ein halbes Pfund Zucker (250 gr.) wird mit einem Viertelliter Wasser (250 ml), drei bis vier Nelken, einem Stückchen ganzem Zimt und etwas Zitronenschale 3 Minuten gekocht, dazu eine Flasche Rotwein gegossen und dies zusammen bis zum Siedepunkt gebracht, dann durch ein Siebchen gegossen und recht heiß in Punschgläsern präsentiert.

Für ein einzeln zubereitetes Glas ist die Norm etwas weniger als ein Viertelliter Wein — und soviel weniger, als zum Zergehen des Zuckers Wasser nötig ist — sechs Stück Zucker und etwas von jedem oben genannten Gewürz.

---

14 Ein Glas Grog zu verschlafen, erfordert nach alter Regel eine volle Stunde, weshalb dies wohl der wirksamste Schlummerpunsch genannt werden kann. Der Hrsg.

3. Bischof.

Unter vorstehend beschriebenen Glühwein gießt man in das einzelne Glas einen, in das größere Quantum drei bis vier Löffel Cointreau (Likör aus Orangenschalen).

4. Weißer Weinpunsch.

Ein Liter Weißwein wird mit 150 Gramm Zucker bis zum Siedepunkt gebracht, dazu ein Madeiraglas echten indonesischem Arrak (= aus Palmsaft destillierte Spirituose) gegossen und das Getränk sehr heiß serviert.[15]

5. Englischer Punsch.

Zwei Pfund Zucker werden mit ein und einem halben Liter Wasser, dem sehr fein abgenommenen Gelben von zwei unbehandelten Zitronen[16] und zwei unbehandelten Orangen einmal aufgekocht und nunmehr mit einer Flasche Bordeaux, einer Flasche Rheinwein, einer halben Flasche altem Rum und dem Saft von drei Orangen und drei Zitronen gemischt. Das Ganze lässt man an heißer Herdstelle oder bei reduzierter Hitze des Kochapparates zwanzig Minuten ziehen — nicht kochen — und gießt es hierauf durch ein peinlich reines Tuch oder einen nur zu Punsch und Glühwein benützten Seiher. Es empfiehlt sich, den Rum erst unmittelbar vor dem Servieren in die Bowle zu gießen; ich habe ihn nur schon vorhin miterwähnt, damit die Zutaten leichter übersichtlich seien.

---

15 Punsch aus Essenzen — rot oder weiß, mit verschiedenem Geschmack — wird aus einem Teil Essenz und zwei Teilen kochenden Wassers ohne weitere Zutaten hergestellt. Der Hrsg.
16 D. h. ohne Konservierungsstoffe auf der Schale. Im Bio- oder Naturkostladen erhältlich.

6. Ratisbonen—Punsch.

(nach Dr. Sch ......)

Vier Gramm schwarzer und vier Gramm grüner Tee werden mit einem halben Liter kochenden Wassers angegossen und 10 Minuten ziehen lassen. Von einer unbehandelten Zitrone und vier unbehandelten Orangen reibe man das Gelbe an anderthalb Pfund Hutzucker ab, löse diesen in drei Liter Wasser und koche das einmal auf. Dazu wird der Saft der Orangen und der Zitrone gepresst, eine Flasche Arrak und der Tee dazu gegossen und das Ganze bis zum Siedepunkt mit einer in kleine Stückchen geschnittenen Stange Vanille erhitzt und durch eine sehr reine Serviette — die keinerlei Wäsche- oder gar Seifengeruch haben darf —, besser noch durch ein extra zu solchen Zwecken gehaltenes Stück Mull, das mehrmals in heißem Wasser gebrüht und in kaltem geschwenkt wurde, in die Bowle geseiht.

7. Burgunder-Punsch.

Von zwei unbehandelten Orangen wird haarfein die Schale abgenommen und in einem Glas mit drei Zehntellitern heißem Zuckersirup übergossen. Sodann werden 1 1/2 Pfund Zucker in 1 1/2 Litern Wasser gelöst und aufgekocht, der Sirup aus dem Glas hineingegossen und der Saft von sechs Orangen dazu gepresst; das Ganze wird nunmehr in einen sehr reinen — nur zu solchen Zwecken benützten, mehrmals ausgebrühten — irdenen Steintopf geseiht, mit drei Flaschen Burgunder und einer Flasche Arrak angegossen und zum Siedepunkt gebracht, nunmehr durch das schon besprochene sehr reine Tuch in die Bowle befördert und sogleich serviert.

8. Eierpunsch.

I. Auf ein hohes Dreizehntelliterglas benötigt man ein Glas Weißwein, zwei Eidotter und einen Teelöffel gestoßenen Zuckers. Man schlägt dies, ohne es kochen zu lassen, mit einer Schneerute auf dem Feuer schön schaumig, gießt ein Madeiraglas voll helle Punschessenz[17] (Ponche Royal) dazu, schlägt es noch mal heiß und gießt es ins Glas, dass der Schaum hoch darüber ragt[18].

II. Zwei Eidotter mit einem Glas Weißwein und vier Stück Zucker auf dem Feuer schaumig geschlagen und mit einem Gläschen echtem Arrak und einem Päckchen Vanillezucker verquirlt. Nochmals unter beständigem Quirlen im Emailtöpfchen erhitzt, dann hochschäumend ins Glas gegossen. Durch die Vanille erhält der Punsch ein sehr feines Aroma.

9. Warmbier.

Man kocht etwa Dreizehntelliter — womöglich helles — Bier mit vier bis sechs Stückchen Zucker mit etwas unbehandelte Zitronenschale — wenn man Zimt-Geschmack liebt, auch mit solchem auf, verquirlt unterdessen zwei bis drei Eidotter mit etwas süßem Rahm oder Milch und gießt, nachdem man Zimt und Zitronenschale entfernt, das heiße Bier langsam unter beständigem Rühren dazu, worauf es nochmals heiß gequirlt und schäumend in ein Halbliterglas gegossen wird.

In Verbindung mit Eiern gerinnt das Bier sehr leicht, weshalb beim Quirlen und Erhitzen Vorsicht anzuwenden ist.

---

17 Siehe S. 115
18 Wird nur sekundenlang mit dem Rühren, beziehungsweise Schlagen ausgesetzt oder gerät der Punsch ins Kochen so gerinnen die Eier und das Getränk ist unbrauchbar. Der Hrsg.

XVII. Kalte Partygetränke

(Bowlen-Capitel.)

1. Römischer Eis-Punsch.

Eine Portion Orangeneis vom Supermarkt mit einem Gläschen Arrak und einem Glas Weißwein — feiner Marke oder noch besser einem Glas Sekt gemengt.[19]

Selbst der alte Cicero
Fände so was comme il faut.

2. Sorbet von Champagner und Erdbeeren

Ein Liter Erdbeer-Eis unmittelbar vor dem Gebrauch mit einer halben Flasche Champagner begossen, leicht mit silbernem Löffel gemengt und in Gläsern mit Teelöffelchen serviert.

Sorbet wird meist durch einen Strohhalm geschlürft.

3. Sorbet von Würzburger Stein-Wein, Liebfrauenmilch, Mosel Riesling Spätlese

… und sonstigen berühmten Sorten mit Erdbeer-, Himbeer- oder Ananas-Eis gemengt. Je eine Drittelflasche Wein auf einen Liter Gefrorenes wird von wirklichen Kennern manchmal dem Champagner-Sorbet vorgezogen.

Desgleichen bereitet man Sorbet aus Burgunder und Pfirsich-Gefrorenem sowie aus halb Bordeaux, halb Sekt mit Zitronen-, Orangen- oder Waldmeister-Eis.

---

19 Dieses Getränk eignet sich sehr zum Abschluss eines Diners oder in größerer Menge als Erfrischung bei einer Abendgesellschaft. Der Hrsg.

4. Newa-Punsch.

Drei Flaschen echt französischer Bordeaux, eine Flasche Liebfrauenmilch, eine Flasche Laurent Perrier sans sucre oder Pommery frappiert[20] und eine halbe Flasche Old Sherry in einer Bowle gemengt, zwei Stangen feine Vanille in kleine Stückchen geschnitten und darin ungefähr 5 Minuten ziehen gelassen.

Sodann wird über der Flüssigkeit auf einem darüber aus Metallstäbchen improvisierten Gitter ein Kilo ganzer Zuckerhut (ggf. 4 Stück a 250 gr.) mit einer Flasche feinstem Jamaika-Rum getränkt und hierauf angebrannt, sodass der sich ablösende, brennende Zucker sich in die Flüssigkeit ergießt. Der Sekt wird am Besten erst jetzt eingegossen, damit er voll zur Geltung komme.

Als Sorbet gegeben, wird das Ganze mit 4 — 5 Litern Zitronen- oder Ananas-Eis verbunden.[21]

5. Olympische Tropfen oder Göttertrank.

Die (unbehandelten!) leicht abgenommenen Schalen von vier unbehandelten Orangen werden in einem sehr reinen Porzellanschüsselchen mit einer halben Flasche Weißwein übergossen und zugedeckt mindestens 2 Stunden stehen gelassen, bis der Wein das ganze Aroma der Orangenschalen aufgenommen hat. Alsdann seiht man dies in die Bowle, gießt zwei Flaschen Rüdesheimer Berg, zwei Flaschen Chateaux Margaux grand vin und zwei Flaschen Heidsieck dazu und mengt es leicht mit dem Bowlenlöffel. Das Getränk wird nach Belieben oder — wenn nur für Herren gar nicht gezuckert.

---

20 **Wein oder Champagner frappieren:** Eine Flasche Wein oder Schaumwein/Champagner wird schnell heruntergekühlt, indem man sie in einen Sektkübel mit Wasser, Eiswürfeln und etwas Salz stellt und sie dann langsam um den Flaschenhals dreht. So kann man die Temperatur des Weines innerhalb weniger Minuten auf die gewünschte Trinktemperatur bringen.

21 Dieser Punsch wurde in einer Abendgesellschaft beim russischen Botschafter in Paris serviert und mir das Rezept von einem russischen Kavalier überlassen. Der Hrsg.

Die Weine werden in der angemessenen Kellertemperatur verwendet, eventuell nur die weißen Sorten etwas gekühlt.

Durch den frappierten Champagner wird genügend Frische erzeugt; zu kalt gehalten, verlieren die feinen anderen Weine — namentlich die roten — leicht ihr Bouquet.

Man serviert den Göttertrank aus der Bowle in Champagnerkelchen.

Man kann übrigens einmal olympisch zechen wollen, auch wenn gerade kein Göttersegen im Geldbeutel ist. In diesem Falle vertauscht man die vorhin genannten Weinmarken mit weniger kostspieligem und verwendet statt Heidsieck Kessler Kabinett oder Kupferberg — die Stimmung wird dabei nichtsdestoweniger göttlich sein.

6. Maiwein.

Junger frischer Waldmeister — am Besten vor seiner Blütezeit im April — wird, wenn nicht selbst gepflückt, der Appetitlichkeit halber mit frischem Wasser überspült, von den größeren Stielen befreit, in eine Bowle gegeben (maximal 3 gr. frisches Kraut pro Liter Bowle, da sonst Benommenheit und Kopfschmerzen die Folge sind!) und mit einem Fünftelpfund (100 gr.) Zucker und einer Flasche Weißwein angegossen.

Wenn der Duft des Waldmeisters sich dem Wein so ziemlich mitgeteilt hat, gießt man soviel Flaschen Weißwein hinzu, als man Maiwein bereiten will, und rechnet auf jede Flasche ungefähr 75 Gramm Zucker. Wer es liebt, mag noch einige Orangenscheiben darin schwimmen lassen.

7.   Maibowle.

Zwei Büschelchen (max. 3 gr. pro Liter Bowle!) frischer Waldmeister werden wie beim vorigen Rezept mit etwas Weißwein und Zucker angesetzt. Dazu werden nach 10 — 15 Minuten noch zwei oder drei Flaschen guten Weißweins, eine Flasche Sekt, eine halbe Flasche natürlichen Selterwassers und 150 —200 Gramm Zucker gegeben.

Verfügt man nicht über einen Bowlenlöffel, der mit einem Seiher versehen ist, so empfiehlt es sich, die Bowle, ehe Sekt und Selterwasser eingegossen werden, durchzuseihen, damit keine Blättchen darin umherschwimmen.

Die Bowle soll angenehm frisch sein; man stelle sie deshalb in Eis oder stelle die zu verwendenden Weine vorher gut kalt.

Was Maienliebe für die Seele
Und für die Nase Maienduft
Und für die Lunge Maienluft,
Ist Maienbowle für die Kehle.

8.   Erdbeer-Bowle.

Ein Dessertteller gehäuft mit frischen ausgesuchten Walderdbeeren oder Kulturerdbeeren wird nebst einem halben Pfund Puderzucker in die Bowle gegeben, mit einem Gläschen Wasser angefeuchtet, leicht durcheinander geschwenkt, zugedeckt und ein halbes Stündchen — womöglich auf dem Eis — stehen gelassen. Nunmehr werden drei bis vier Flaschen Rheinwein daran gegossen ebenso zu guten Bekommen eine halbe Flasche natürliches Selterwasser — und die Bowle — wenn möglich auf einem mit Eis gefüllten Untersatz — präsentiert.[22]

9. Pfirsich-Bowle.

Ein halbes Dutzend frischer Pfirsiche wird ihres samtenen Häutchens entkleidet, dann in feine Scheibchen geschnitten und in der Bowle schichtenweise mit gestoßenem Zucker bestreut. Wenn man sie mit wenig Wasser angefeuchtet und einige Zeit in ihrem Saft gelassen, wird eine beliebige Marke und Menge feinen Weißweines zugegossen, ebenso natürliches Selterwasser und die Bowle in angenehmer Frische vorgesetzt.

10. Ananas-Bowle.

Eine frische Ananas wird dünn geschält und fein aufgeschnitten, gut überzuckert und mit einem Glas Sherry angefeuchtet, dann mindestens 1 Stunde — womöglich länger kaltgestellt. Hierauf werden je nach Größe der Frucht sechs bis zehn Flaschen Weißwein (gute Marke) und eine Flasche Rotwein zugegossen. Zucker wird im Verhältnis von 50 — 70 Gramm pro Flasche zugegeben. Das große Quantum erträgt eine ganze Flasche Selterwasser — doch nur natürliches.

Von eingemachter Ananas aus der Dose ist die Bowle in einer Viertelstunde hergestellt und wird in diesem Falle — wie bei allen zu Bowlen verwendeten eingemachten Früchten — bedeutend weniger Zucker verwendet. Man vergreife sich hierin überhaupt nicht — zu viel Süßigkeit schadet dem Aroma sowohl der Früchte als dem des Weines.

---

22 Es ist durchaus nicht nötig, an eine Bowle, zu der feine Weinsorten und frische Früchte verwendet werden, auch noch Sekt zu gießen. Wirkliche Kenner verschmähen letzteren dabei gänzlich und sagen, man dürfe auch hierin nicht des Guten zu viel tun. Der Hrsg.

11. Orangen-Bowle.

Zwei bis drei saftige Orangen werden enthäutet und dünnscheibig aufgeschnitten, dann in der Bowle überzuckert mit einer halben Flasche Weißwein angegossen. Nach einer Viertelstunde gießt man zwei bis drei weitere Flaschen Weißwein und eine Flasche Rotwein nebst natürlichem Selterwasser dazu.

Zucker wird pro Flasche mit 50 — 70 Gramm genommen.

12. Champagner-Bowle

In der Bowle tränkt man ein Pfund zerkleinerten Zucker mit zwei Flaschen Rhein- oder Moselwein. Nachdem man dies gut kaltgestellt, werden unmittelbar vor dem Servieren zwei Flaschen frappierten[23] Champagners nebst einem Fläschchen natürlichen Selterswassers zugegossen.

13. Alanenbowle.

Sechs saftige Aprikosen werden von dem Häutchen befreit, fein aufgeschnitten und mit einem Dessertteller voll schöner Ananas-Erdbeeren (weiße Erdbeeren mit dem Aroma von Ananas) schichtenweise in der Bowle überzuckert, mit einem Glas Weißwein begossen und 15 Minuten in ihrem Saft ziehen gelassen.

Nunmehr werden wie bei den übrigen Bowlen drei bis vier Flaschen Rheinwein und Zucker nebst Selterwasser beigegeben und die Bowle 1 Stunde auf Eis gestellt.

---

23 Siehe Fußnote Seite 110

14. Feine Punschessenz

… selbst bereiten zu können, ist auch nicht von Pappe:

I. Fünfzehn Gramm Orange Pekoe Tee werden mit 1 1/2 Litern heißem Wasser angegossen, nach 10 Minuten abgeseiht und der Saft von zwölf Orangen und zwei Zitronen, zwei Kilo Zucker und 1 1/2 Flaschen Arrak zugegeben.

II. Fünfzehn Gramm grüner Tee werden mit einem halben Liter heißem Wasser angegossen und 10 Minuten ziehen lassen, dann 1 1/2 Pfund Zucker, eine Flasche Arrak und der Saft von drei Orangen und zwei Zitronen beigegeben.

Die Essenz wird in Flaschen eingefüllt und gut verkorkt.

15. Nusslikör

… wird fein selbst auf folgende Weise bereitet. Zwei Pfund Walnüsse — Ende Juni gepflückt — werden in kleine Stücke zerschnitten und in einer weithalsigen größeren Glasflasche mit vier Litern feinem Weingeist — auch Kornbranntwein oder Kirschwasser — begossen und so vierzehn Tage an der Sonne destilliert.

Hier kommen nun: 50 Gramm Zimt und 15 Gramm Nelken, womit man die Flüssigkeit eventuell weitere acht Tage an die Sonne stellt. Dann kocht man in 1 1/2 Litern Wasser 1 1/2 Pfund Zucker, seiht den angesetzten Nussbranntwein dazu, kocht ihn einmal auf, filtriert ihn durch einen Flanellsack und füllt ihn erkaltet in Flaschen ab.

16. Heidelbeer-, Weichsel- und Johannisbeer-Liköre

… werden, wenn die Früchte ausgesucht, beziehungsweise von den Stielen abgezupft sind, in weithalsiger Flasche erst ohne, dann mit Gewürz und ebenso lange, wie der Nusslikör destilliert und gleich diesem vollendet. Zum Versüßen wird gerne Kandiszucker genommen.

17. Götterdämmerung.

Sehr wirkungsvoll nach einem guten Diner.

In einem Sherry- oder in einem größeren Likörglas werden zu gleichen Teilen gemengt: Grüner Chartreuse oder echter Benediktiner, Sherry Brandy, Maraschino, Curacao, Cognac fin und Creme de Vanille (Marke cuisinier).

Wem nach dieser Mischung noch nicht dämmert, dass er die ganze Welt in verklärtem Zustand betrachtet, dem ist nicht zu helfen.

XVIII. Senf

1. Deutscher Senf

… zu Kronfleisch, Bratwürstchen etc. dem französischen vorgezogen, wird wie folgt bereitet: ca. 100 Gramm halb gelbes und halb braunes Senfmehl aus dem Naturkostladen wird mit einem Viertelliter vorher abgekochtem Essig lau angegossen und in einem Näpfchen gut verrührt, sodass der Senf dickflüssig erscheint. Mit dem Essig werden fünf bis sechs Stückchen Zucker aufgekocht.

Eine Spezialität erhält man, wenn man statt Zucker die gleiche Menge Honig nimmt.

2. Englischer Senf.

Wie oben, doch das Senfpulver wird nur mit lauem Wasser ungerührt.

XIX. Menü-Vorschläge

... mit den geringen Vorräten der Küche eines ganzen Kerls schnell zusammengestellt.

1. Das perfekte Diner.

Bouillon mit Ei.
Kleine Beefsteaks, geröstete Kartoffeln und
Gurkensalat.
Makkaroni mit Schinken.
Obst und Biskuits
Mokka.

* * *

Sellerie-Suppe.
Rühreier mit Bücklingen
Kronfleisch mit Radieschen
Käse und Butter.

* * *

Froschschenkel-Suppe.
Rostbraten mit grünen Erbsen.
Omelette mit Champignons.
Dessert.

* * *

Kerbelsuppe.
Forellen mit heißer Butter.
Paprika von Lammfleisch.
Erdbeeren mit Zucker und Wein.

* * *

Wildsuppe.
Hummer-Mayonnaise mit geröstetem Brot.
Geräuchertes Ochsenfleisch und
Bouillon-Meerrettich
Dessert.

* * *

Krebssuppe.
Kleine Beefsteaks mit Tomatensalat.
Grüne Erbsen und geräucherte Gänsebrust.
Dessert.

* * *

Julienne-Suppe.
Fischsalat.
Kalbskoteletts mit Kartoffeln.
Dessert.

* * *

Tapioka-Suppe.
Kleine rohe Beefsteaks tartare.
Hammelkoteletts mit grünen Bohnen.
Dessert.

* * *

2.   Vegetarier-Diner.

Erbsensuppe.
Omelette — Spargeln und Salat.
Grüne Bohnen und Spiegeleier.
Frisches Obst.
Käse — Pumpernickel und Grahambrot.

* * *

3. Souper (Abendessen) — kalt.

Austern
Geräucherter Lachs mit Spargeln.
Hummer-Mayonnaise.
Westfälerschinken mit italienischem Salat.
Römischer Punsch

4. Souper

Kaviar.
Schinken mit Mikado-Salat.
Kieler Bücklinge mit Spiegeleiern und Salz-
gurken.
Fromage de Brie.

* * *

Appetitbrötchen.
Artischocken mit Käse.
Geräucherte Gänsebrust mit grünen Erbsen.
Camembert.

* * *

Frankfurter Würstchen mit Meerrettich
Käseschnitten nach Graf A ...
Aal in Gelee
Frische Früchte und alte Liköre

XX. Schlusswort

Lasst's Euch denn schmecken, liebe ganze Kerle,
Touristen, Krieger-, Jäger, Radler all,
Sei's hoch am Berg beim Ursprung frischer
Quellen,
Sei's drauß' im Wald nach Jagd und
Büchsenknall
Sei's im Manöver, sei's in stiller Kammer –
Benützt dies Büchlein, lernt und labt daraus,
Heilt mit ihm Hunger-, Durst und Katzen-
jammer
Und, was noch an Sorgen krumm und kraus!
Kocht munter allzeit, kocht, bis dass Ihr
schließlich
Doch noch ein Weiblein heimführt frohgemut;
Denn sei's, wie's sei, die Eh' ist auch ersprießlich
So kocht denn wohl!
Nur kocht mir nie — vor Wut!

Vierzig kulturelle Highlights, Park- und Übernachtungsplätze sowie Navigations-Koordinaten': Es geht um unser Weltkulturerbe, Themenparks und Erlebnisse der besonderen Art auf einer Wohnmobilreise.

Dieser Wohnmobilführer ist anders. Er hilft uns, Kulturerlebnisse zu einem Genuss werden zu lassen. Er enthält die Beschreibung von vierzig kulturellen Highlights, die sich auch für Wohnmobilreisende erschließen lassen. Zu jedem beschriebenen Highlight wird die Parkmöglichkeit angegeben oder ein Stellplatz möglichst nahebei und in geringer Entfernung ein komfortablerer Übernachtungsplatz mit Versorgung. Überall sind Navi-Koordinaten angegeben.

Nicht nur Ziele des Weltkulturerbes sind aufgeführt, sondern auch unterhaltende Themenparks sowie etwas aus der Arbeitswelt vergangener Zeiten und etwas für Technikbegeisterte oder für Fans von Leonardo da Vinci. Eine Frankreichkarte führt alle vierzig Ziele auf, damit man weiß, in welchem Gebiet man was findet. Das Angebot der Ziele reicht für mehrere Jahre. Diese liegen meist in so schöner Umgebung, dass man jedes Mal noch weitere herrliche Urlaubstage in der Gegend verbringen kann. In diesem Sinne ist dieser Wohnmobilführer eine klare Kaufempfehlung für alle, die eine gute Zeit mit Kultur und Entspannung im Wohnmobil verbringen möchten.

Bibliographische Angaben:
Buchtitel: Kultur erleben mit dem Wohnmobil in Frankreich: Vierzig kulturelle Highlights, Park- und Übernachtungsplätze sowie Navigations-Koordinaten
Autor(en): Klaus-Dieter Sedlacek;
Taschenbuch: 184 Seiten
Verlag: Books on Demand
ISBN 978-3-7460-2927-6
Ebook: ISBN 978-3-7460-7004-9

Der im Jahr 1531 geborene Leonhard Thurneysser erlernte als Sohn eines Goldschmieds in Basel die Kunst seines Vaters, übernahm aber bald die Stellung eines Famulus bei Dr. Huber, welchem er Arzneien bereiten und Schriften des Paracelsus vorlesen musste. Bereits mit 17 Jahren heiratete er eine Witwe. Mittellos und unerfahren, wie er war, geriet er Wucherern in die Hände. Notgedrungen verließ er heimlich seine Frau und seine Vaterstadt, um ein abenteuerliches Wanderleben zu führen.

Jahre später kam er zur Ruhe, heiratete erneut nach der Auflösung seiner ersten Ehe und wandte sich dem Studium der Medizin, Alchemie und Astrologie im Sinne des Paracelsus zu. Nachdem er der leidenden Kurfürstin Sabina durch eine von ihm verordnete Kur Linderung verschafft hatte, begann für ihn eine Periode ungewöhnlicher Erfolge durch seine Tätigkeit als Heilkünstler, Alchemist, Astrologe, Naturforscher und vor allem als Geschäftsmann in Berlin.

Nach langer Abwesenheit besuchte er wieder Basel und verheiratete sich zum dritten Mal. Diese Frau indes, die Tochter des Baseler Patriziers Herbrott, stürzte ihn ins Unglück ...

Diese wahre und bewegende Lebensgeschichte basiert auf der Grundlage historischer Quellen.

Bibliographische Angaben:
Buchtitel: Der Alchemist Leonhard Thurneysser: Die Lebensgeschichte des Goldmachers von Berlin
Autor(en): Klaus-Dieter Sedlacek;
Taschenbuch: 200 Seiten
Verlag: Books on Demand
ISBN 978-3-7448-3790-3
Ebook: ISBN 978-3-7448-2596-2

Hier geht es um die Geschichte, wie der Mensch sich über die Natur erhob und zu einem kulturellen Wesen wurde.

Seit Anbeginn seiner Tage war der Mensch keineswegs der stolze Beherrscher der Natur, als den er sich heute mit Recht betrachtet. Er war vielmehr ein schwer gehetztes Wesen, das sich sein armselig bisschen Leben tagtäglich neu erobern musste. Keine Naturkraft gehorchte ihm, und keine wirksame Wehr gegen kraftvolle Mitbewerber aus der Tierwelt verlieh ihm Stärke und Selbstsicherheit. Doch dann wendete sich das Blatt.

Die Kunstfertigkeit, Feuer zu beherrschen, war der wichtigste Schritt zu seiner Menschwerdung. Dies unterschied den Menschen vom Tier. Feuer bot Wärme, Licht und Schutz vor Raubtieren und Insekten. Feuer ermöglichte erst die Härtung von Holz und Stein und später von Ton und Lehm zu Keramik und zur Schmelze von Erzen.

Wie sich der Mensch schrittweise aus seinem schlichten Urzustand emporgerungen hat, das erzählt dieses Buch. Es wurde bisher in mehr als hunderttausend Exemplaren verkauft und ist nun in dieser aktualisierten und mit neuen Bildern versehenen Neuauflage erschienen.

Bibliographische Angaben:
Buchtitel: Es begann mit Feuerskraft: Das Werden des Menschen und seiner Kultur
Autor(en): Carl Wilhelm Neumann; Klaus-Dieter Sedlacek
Taschenbuch: 300 Seiten
Verlag: Books on Demand
ISBN 978-3-7448-7457-1
Ebook: ISBN 978-3-7448-6199-1

Das Grundthema des Buchs ist der Mut und die Entschlossenheit der Menschen, auch den letzten Winkel unseres Planeten zu erforschen.

Auf dem 6. Internationalen Geographischen Kongress 1895 in London verabschiedete man folgende Resolution: "Dieser Kongress ist der Meinung, dass die Erkundung der Antarktisregionen das größte ist [...], das noch unternommen werden sollte", und forderte die Wissenschaftler der Welt auf, dorthin Expeditionen zu unternehmen.

Dieses Buch erzählt und dokumentiert mit legendären Fotos, wie es unter dramatischen Umständen den Forschern Scott, Amundsen, Shackleton oder Byrd und auch den Deutschen Drygalski und Filchner gelang, die Antarktis zu bezwingen.

Bibliographische Angaben:
Buchtitel: Gefangen zwischen Eisschollen: Die dramatische Entdeckungsgeschichte der Antarktis
Autor(en): Klaus-Dieter Sedlacek;
Taschenbuch: 200 Seiten
Verlag: Books on Demand
ISBN 978-3-7448-6498-5
Ebook: ISBN 978-3-7448-9139-4

Naturwissenschaft, Physik und Astronomie

– **Äquivalenz von Information und Energie.** Von: K.-D. Sedlacek
– **Das Gesetz im Zufall:** Wie sich verborgene Gesetzlichkeit manifestiert. Von: Moritz Cantor u. K.-D. Sedlacek (Hrsg.)
– **Der Widerhall des Urknalls:** Spuren einer allumfassenden transzendenten Realität jenseits von Raum und Zeit. Von: K.-D. Sedlacek
– **Einsteins Relativitätstheorie ganz ohne Mathematik.** Spezielle und allgemeine Relativitätstheorie. Von: Prof. Dr. Paul Kirchberger u. K.-D. Sedlacek (Hrsg.)
– **Freizeitvergnügen Sternenhimmel mit bloßem Auge:** Wie man Sternbilder auffindet ohne Instrumente. Von: Prof. Dr. Paul Kirchberger u. K.-D. Sedlacek (Hrsg.)
– **Phänomen Naturgesetze:** Das Geheimnis hinter den Erscheinungen der Welt. Von: K.-D. Sedlacek
– **Supervereinigung:** Wie aus nichts alles entsteht. Von: K.-D. Sedlacek
– **Die Natur psycho-physikalischer Phänomene.** Erforschung telekinetischer Vorgänge. Von: Schrenck-Notzing, A. u. Klaus D Sedlacek (Hrsg.)
– **Giganten der Physik.** Die Top10-Physiker der Menschheitsgeschichte. Von: Klaus-Dieter Sedlacek (Hrsg.)
– **Der allmächtige Informatiker:** Das Mysterium des Universums. Von Sir James Jeans u. K.-D. Sedlacek (Hrsg.)
– **Der verborgene Mechanismus des Weltgeschehens:** Neue Erkenntnisse über die Gestalten biotechnischer Systeme der Welt. Von: Dr. h. c. Raoul Francé u. K.-D. Sedlacek
– **Der erdgeschichtliche Klimawandel:** Den wahren Ursachen von Klimaschwankungen auf der Spur. Von Wilhelm Bölsche u. K.-D. Sedlacek (Hrsg.)

Chemie

– **Der Stein der Weisen:** Wie die Alchemie zur Chemie wurde. Von: Wilhelm Ostwald et. al. u. K.-D. Sedlacek (Hrsg.)
– **Durchblick Chemie:** Praktische Grundlagen und Einführung in die anorganische, organische und Biochemie. Von: Prof. Dr. Lassar-Cohn, Prof. Dr. W. Löb, K.-D. Sedlacek

Natur- und Philosophie

– **Die letzten Ursachen.** Das Buch der Naturerkenntnis. Von: K.-D. Sedlacek
– **Gebundener Wille:** Wie frei ist menschlicher Wille tatsächlich? Von: K.-D. Sedlacek, G.F. Lipps et. al.
– **Jenseits der Erscheinungen:** Erkennbarkeit und Realität der Quantennatur. Von: Prof. Dr. M. Schlick u. K.-D. Sedlacek (Hrsg.)
– **Kleines Wörterbuch der Natur-Philosophie:** 1200 Begriffe, die man kennen sollte, kurz und prägnant. Von: K.-D. Sedlacek
– **Naturphilosophie:** Das Wesen von Naturgesetzen und die Erklärung des Lebens. Von: Prof. Dr. M. Schlick u. K.-D. Sedlacek (Hrsg.)
– **Vereinbarkeit von Religion und Naturwissenschaft.** Von: Kurd Laßwitz u. K.-D. Sedlacek (Hrsg.)
– **Das Konzept des Guten.** Sinnliches Empfinden – Der Ursprung unserer Wertvorstellungen. Von: Klaus-Dieter Sedlacek (Hrsg.)
– **Ist echte Erkenntnis möglich?** Einführung in die Erkenntnistheorie. Von: Prof. Dr. Erich Becher u. K.-D. Sedlacek (Hrsg.)
– **Das individuelle Ich:** Was ist der Kern des Selbstbewusstseins? Von: Th. Lipps u. K.-D. Sedlacek (Hrsg.).
– **Persönlichkeit und Unsterblichkeit:** In welcher Form existiert ein Weiterleben nach dem zeitlichen Ende? Von: Wilhelm Ostwald u. K.-D. Sedlacek (Hrsg.)

BEWUSSTSEIN

– Leben nach dem Leben: Befreiung des Bewusstseins von den Fesseln der Zeit. Von: K.-D. Sedlacek
– Quantenbewusstsein. Von: N. Wrobel u. K.-D. Sedlacek
– Synthetisches Bewusstsein. Von: K.-D. Sedlacek
– Unsterbliches Bewusstsein: Raumzeit-Phänomene, Beweise und Visionen. Von: K.-D. Sedlacek

LEBEN UND MEDIZIN

– Leben aus Quantenstaub. Von: N. Wrobel u. K.-D. Sedlacek,
– Was ist Krankheit? Von: N. Wrobel u. K.-D. Sedlacek
– Bewusstsein und Unsterblichkeit. Von: C. L. Schleich u. K.-D. Sedlacek (Hrsg.)
– Die Lebenskraft: Wie Enzyme, Bewusstsein und quantenbiologische Effekte das Leben regulieren. Von: K.-D. Sedlacek u. N. Wrobel,
– Die verborgene Ordnung des Weltsystems. Neue Erkenntnisse über die schöpferischen Kräfte der Natur. Von: Dr. h. c. Raoul Francé u. K.-D. Sedlacek (Hrsg.)
– Homöopathie und Praxis: Naturheilkundliche alternative Medizin für den mündigen Patienten. Von: Dr. med. J. Voorhoeve u. K.-D. Sedlacek (Hrsg.)

PSYCHOLOGIE

– Gestalt-Psychologie: Einführung in die neue Psychologie vom Begründer der Gestaltpsychologie. Von: Prof. Dr. Kurt Koffka u. K.-D. Sedlacek (Hrsg.)
– Die ersten Spuren psychischer Erscheinungen: Das psychische Leben von Mikroorganismen – Eine Studie in experimenteller Psychologie. Von Alfred Binet u. K.-D. Sedlacek (Übers.)
– Allgemeine moderne Psychologie: Systematische Einführung in die Wissenschaft psychischer Prozesse. Von August Messer u. K.-D. Sedlacek (Hrsg.).

BIOLOGIE

– Wie intelligent sind Pflanzen? Sensationelle Einblicke in die geheime Seite des pflanzlichen Wesens. Von Prof. Dr. phil. Adolf Wagner u. K.-D. Sedlacek

– Über Menschenaffen, Tierseele und Menschenseele: Intelligenzprüfungen an Hominiden. Von Wilhelm Bölsche et. al. und K.-D. Sedlacek (Hrsg.)

GESCHICHTE, VOR- U. FRÜHGESCHICHTE

– Die geheimnisvolle Kultur der alten Kelten. Von Druiden, Fürstensitzen und der Lebensart unserer frühgeschichtlichen Vorfahren. Von Georg Grupp u. K.-D. Sedlacek (Hrsg.)

– Der Alchemist Leonhard Thurneysser. Die Lebensgeschichte des Goldmachers von Berlin. Von Klaus-Dieter Sedlacek (Hrsg.)

– Es begann mit Feuerskraft. Das Werden des Menschen und seiner Kultur. Von Carl W. Neumann u. K.-D. Sedlacek (Hrsg.)

– Gefangen zwischen Eisschollen: Die dramatische Entdeckungsgeschichte der Antarktis. Von Klaus-Dieter Sedlacek (Hrsg.)

REISEFÜHRER

– Kultur erleben mit den Wohnmobil in Frankreich: Vierzig kulturelle Highlights, Park- und Übernachtungspätze sowie Navigationskoordinaten. Von Klaus-Dieter Sedlacek

FORSCHUNGSREISEN U. ABENTEUER

– **Meine erste Weltumseglung:** Tagebuch einer epochalen Expedition. Von James Cook u. K.-D. Sedlacek (Hrsg.)

– **Exotische Reise durch Persien:** Abenteuerlicher Bericht aus einer fremdartigen Welt des 19ten Jahrhunderts. Von Pierre Loti u. K.-D. Sedlacek (Hrsg.)

FANTASTISCHE WELT
ROMANE UND ERZÄHLUNGEN

Bd. 1: **Parallelwelt-Universum und die Suche nach der Weltformel.** Von: K.-D. Sedlacek

Bd. 2: **Marskolonie Eos: und die verschwindende Realität.** Von: K.-D. Sedlacek

Bd. 3: **Korakar: Geheimnisvolles Leben unter ewigem Eis.** Von: K.-D. Sedlacek

Bd. 4: **Die Spur des Dschingis-Khan.** Von: Hans Dominik, K.-D. Sedlacek (Hrsg.)

Bd. 5: **Atlantis: Die Rückkehr der Götter.** Von: Moriz Hoernes, K.-D. Sedlacek (Hrsg.)

SONSTIGE ROMANE

– **Prinz Otto oder Der Phönix und die Freiheit:** Roman über Intrigen und Macht, Verrat, Hinterlist und wahre Liebe - vom Autor der 'Schatzinsel' und von 'Dr. Jekyll und Mr. Hyde'. Von: Robert Louis Stevenson, K.-D. Sedlacek (Hrsg.), Vito von Eichborn (Hrsg.)

– **Herr der Welt.** Von: Jules Verne u. K.-D. Sedlacek (Hrsg.)